Friedrich Hofmann

Der Kritische Apparat zu Ciceros Briefen an Atticus

Friedrich Hofmann

Der Kritische Apparat zu Ciceros Briefen an Atticus

ISBN/EAN: 9783743314740

Hergestellt in Europa, USA, Kanada, Australien, Japan

Cover: Foto ©Thomas Meinert / pixelio.de

Manufactured and distributed by brebook publishing software (www.brebook.com)

Friedrich Hofmann

Der Kritische Apparat zu Ciceros Briefen an Atticus

DER

KRITISCHE APPARAT

ZU

CICEROS BRIEFEN AN ATTICUS

GEPRÜFT

VON

Dr. FRIEDRICH HOFMANN,
PROFESSOR AM GRAUEN KLOSTER ZU BERLIN.

BERLIN,
WEIDMANNSCHE BUCHHANDLUNG.
1863.

VORWORT.

Der nachfolgenden Abhandlung habe ich zwei Bemerkungen vorauszuschicken:

1) Für die von M. Haupt im Programm der Berliner Universität für den Sommer 1855 vorgetragene und begründete Ansicht, daſs Bosius ein Fälscher sei, hätte ich ohne Mühe viele von ihm übersehene oder, was wahrscheinlicher ist, verschmähte Beweise beibringen können; denn bei meiner Durchforschung des kritischen Apparats hat diese Ansicht sich mir auf jedem Schritte bestätigt. Da ich aber Haupts Beweisführung für vollkommen genügend und die dagegen vorgebrachten Einwendungen für unerheblich halte, so habe ich seine Ansicht als bewiesen angenommen und also Bosius Handschriften, den Crusellinus und Decurtatus, als erdichtet und seine Angaben aus dem Turnesianus, so weit sie nicht von Lambin bestätigt sind, als in hohem Grade verdächtig in der ganzen Abhandlung unbeachtet gelassen.

2) Von groſsem Nutzen ist mir die von Th. Mommsen angefertigte, noch nicht bekannt gemachte Colla-

tion des Mediceus gewesen, für deren Ueberlassung ich den Herren Professoren Mommsen und Haupt meinen besten Dank sage. Auch habe ich einer genauen Durchforschung der Editio Cratandrina vom Jahre 1528 manches zu verdanken; denn Orellis Angaben aus derselben sind weder ganz zuverlässig, noch so vollständig, dafs man aus ihnen ein richtiges Bild von dieser Ausgabe gewinnen kann. Im Uebrigen aber sind meine Mittel sehr beschränkt gewesen; namentlich habe ich mich für die beiden Editiones principes ganz auf Orellis Angaben verlassen müssen.

Berlin, den 31. December 1862.

Hofmann.

INHALT.

	Seite
I. Die Wiederauffindung von Ciceros Briefen durch Petrarca	1
II. Ueber den Codex Mediceus Plut. XLIX, N. XVIII	8
III. Ueber die Handschrift Cratanders und den Turnesianus Lambins	26
IV. Die Handschriften aus dem 15ten Jahrhundert und die Editiones principes	48

I. Die Wiederauffindung von Ciceros Briefen durch Petrarca.

Daſs die Briefe Ciceros seit der Mitte des 12. Jahrhunderts verschollen gewesen und erst zwei Jahrhunderte später durch Franz Petrarca wieder aufgefunden sind, hat Bandini in dem Catalogus codicum latinorum bibliothecae Laurentianae T. I, p. 466 dargethan und nach ihm ausführlicher und gründlicher Orelli in seiner historia critica epistolarum Ciceronis p. V. sqq. Zwar scheint damit nicht übereinzustimmen, was Flavius Blondus in seiner Italia illustrata, Basel 1531, p. 346 schreibt: *Concilium apud Constantiam Germaniae cum ab universo populo Christiano haberetur, quaerere ibi et investigare coeperunt ex nostratibus multi, si quos Germaniae loca Constantiae proxima ex deperditis Romanorum et Italiae olim libris in monasteriorum latebris occultarent, Quintilianusque integer repertus a Poggio primum transscriptus in Italiam venit secutaeque sunt incerto nobis datae libertatis patronae Ciceronis ad Atticum epistolae.* Indessen, da aus den von Orelli aus Petrarcas Werken angeführten Stellen unwidersprechlich hervorgeht, daſs Petrarca auch die Briefe an Atticus gekannt und benutzt hat, und da ferner Leonardus Arretinus epist. vol. I, p. 88 ed. Mehus, welcher Brief weiter unten von mir angeführt werden wird, schon im J. 1409, also vor dem Costnitzer Concil von einem alten Codex der Briefe an Atticus spricht, aus welchem die damals cursirenden Exemplare nicht abgeschrieben wären, so kann die Stelle des Blondus, wenn sie nicht ganz als irrthümlich verworfen werden soll, höchstens von der Auffindung eines neuen Codex und dadurch erfolgter Ver-

mehrung der damals vorhandenen Briefe, nicht von der ersten
Auffindung der ganzen Sammlung verstanden werden, und das
um so mehr, da ja auch Quintilian von Poggio nicht zuerst
entdeckt, sondern nur vervollständigt worden ist. Wir werden
später hierauf zurückkommen; für die hier vorliegende Frage
hat die Stelle keine Wichtigkeit, und wir können uns bei dem
Resultat der Bandinischen und Orellischen Forschung beruhigen.

Wir kommen nun zu der zweiten Frage: wo und wann sind
Ciceros Briefe von Petrarca gefunden worden?
Petrarca ad viros illustres 1, p. 661 Lugd. schreibt: *M. T.
Ciceroni. Epistolas tuas diu multumque perquisitas atque, ubi
minime rebar, inventas avidissime perlegi* cet. *Apud superos ad
dexteram Athesis ripam in colonia Veronensium Transpadanae
Italiae XVI Kalend. Quintiles anno ab ortu Dei illius quem tu
non noveras MCCCXLV.* Da dieser Brief offenbar in der ersten
Freude über die Entdeckung geschrieben ist, oder vielmehr, da
er so abgefafst ist, als wäre er in der ersten Freude über die
Entdeckung geschrieben, so ist es mehr als wahrscheinlich, dafs
er aus der Zeit und von dem Orte datirt ist, wo die Entdeckung
gemacht worden ist. Es ergiebt sich also, wenn diese Annahme
richtig ist, aus dem Briefe, dafs 1345 Briefe von Cicero von
Petrarca gefunden worden sind und dafs ihm vorher keine dergleichen
bekannt gewesen sind; ob aber damals alle Briefe Ciceros
gefunden sind oder nur ein Theil von ihnen, kann aus dem Briefe
nicht ermittelt werden. Nur das steht fest: der Brief enthält
nirgends eine Anspielung auf Ciceros Briefe ad familiares; er kann
aber nicht geschrieben sein, ohne dafs der Verfasser die Briefe
an Atticus, Brutus und Octavianus kannte. Denn was Petrarca in
dem Briefe von Dionysius, Quintus Cicero und dessen Sohn sagt,
ist aus den Briefen an Atticus entnommen, seine Worte *o inquiete
semper et anxie, vel, ut verba tua recognoscas, o praeceps et
calamitose senex* beziehen sich auf den untergeschobenen Brief
an Octavianus, wo es § 6 heifst: *O meam calamitosam ac praecipitem
senectutem;* endlich der Ausspruch des Brutus, den er
anführt: *Quid enim Bruto tuo responsurus es? Siquidem quod,
inquit, Octavius tibi placet, non dominum fugisse, sed amiciorem
dominum quaesisse videbaris,* findet sich in einem Briefe des
Brutus ep. ad Brut. I, 16, 7: *Nam si Octavius tibi placet, a quo
de nostra salute petendum sit, non dominum fugisse, sed amiciorem
dominum quaesisse videberis.* Es bleibt also hier eine Lücke.

Diese Lücke wird uns ergänzt durch eine andere Stelle
Petrarcas aus der Praef. epist. de rebus fam. a. 3 b. Lugd.: *Epi-*

cujus . . . . epistolas suas duobus aut tribus inscripsit, Idomeneo, Polyaeno et Metrodoro. Totidem paene suas Cicero, Bruto, Attico et Ciceronibus suis, fratri scilicet ac filio. Aus dieser Stelle geht nämlich hervor, daſs Petrarca eine Zeit lang nur die Handschrift der Briefe an Brutus, Q. Cicero und Atticus besessen hat; denn wenn er damals auch die Briefe ad familiares schon gekannt hätte, würde er nicht haben schreiben können, Cicero hätte seine Briefe an fast ebenso viele Personen gerichtet, als Epicur. Daſs aber Petrarca auch von Briefen Ciceros an seinen Sohn spricht, obgleich diese in dem erwähnten Codex nicht vorkommen und noch heute nicht aufgefunden sind, darf nicht befremden; denn diese eine Notiz kann Petrarca wohl aus Quintilian entnommen haben, nicht aber die ganze, da aus einer andern Stelle desselben Buches de reb. fam. 3, 18 „*de Ciceronis epistolis Senecae prius quam oculis credidi meis*" erhellt, daſs er damals schon Briefe von Cicero hatte. Wir sehen also, daſs im Jahre 1345 in Verona nur die Briefe an Brutus, Quintus Cicero und Atticus, die bekanntlich in einer Handschrift vereinigt sind, von Petrarca gefunden worden sind, und haben nun zu suchen, wann und wo er die Briefe ad familiares gefunden hat.

Hierüber, zum Theil wenigstens, giebt uns Blondus Auskunft, welcher Italia illustrata p. 346 über Petrarca schreibt: *ipse . . . . epistolas Ciceronis Lentulo inscriptas Vercellis reperisse gloriatus est;* denn die epistolae Lentulo inscriptae sind bekanntlich die Briefe ad familiares. Blondus Angabe widerspricht nicht dem, was Petrarca selbst über die Auffindung von Ciceros Briefen berichtet, und sie verliert nicht an Glaubwürdigkeit dadurch, daſs sie in den auf uns gekommenen Werken Petrarcas sich nicht findet, denn Blondus wurde 14 Jahre nach Petrarcas Tode geboren, konnte also jene Notiz leicht aus einem nachher verloren gegangenen Briefe Petrarcas oder von einem von dessen Freunden erhalten haben. Mithin können wir mit Grund behaupten, Ciceros Briefe an Brutus, Quintus Cicero und Atticus sind 1345 gefunden worden zu Verona, die Briefe ad familiares später, ungewiſs zu welcher Zeit, in Vercelli.

Zu ganz demselben Resultat gelangen wir unabhängig von den eben behandelten Stellen durch aufmerksame Prüfung zweier erst kürzlich veröffentlicher Briefe von Coluccio Salutato. Coluccio di Piero de' Salutati, geb. 1330 zu Stignano, betrachtete von Jugend auf Petrarca als sein hohes, unerreichbares Vorbild und stand mit ihm in brieflichem Verkehr, ohne ihn je gesehen zu haben; er wurde 1375 Staatskanzler in Florenz und lebte nun hier in dieser Würde als begeisterter Verehrer und Beschützer der Wissenschaften bis zu seinem am 4. Mai 1406 erfolgten Tode. Dieser Mann bat im November 1374, in welchem Jahre Petrarca am 18. Juli gestorben war, Petrarcas Freund, den Veroneser Caspar de Broaspinis in einem Briefe, der in den Schriften der sächsischen Gesellschaft der Wissenschaften vom J. 1849 p. 259 von Th. Mommsen veröffentlicht worden ist, er möchte ihm aus Petrarcas Bibliothek die Gedichte des Properz und Catull schicken, und fährt dann in dem Briefe so fort: *Ciceronis epistolas, ut alias dixi, omnes vellem, et libri quantitatem rogo notam facias. Illas circiter LX, quas habere te dicis, nescio an in continuato opere an excerptas habeas atque delectas, et ideo arbitrio tuo dimiserim numquid illarum me velis esse participem.* Aus dieser Stelle läfst sich mit Sicherheit schliefsen, dafs im J. 1374 Coluccio eine vollständige Sammlung von Ciceros Briefen weder besessen, noch auch nur gekannt hat, dafs also eine solche damals in Florenz nicht vorhanden gewesen ist; ob aber Coluccio damals schon einige Briefe von Cicero besafs, ob er die erbetenen 60 Briefe wirklich erhielt, und ob ihm Auskunft über den vollständigen Codex ertheilt wurde, darüber läfst sich aus dieser Stelle allein nicht entscheiden, obwohl es sehr wahrscheinlich ist, dafs ein Mann, wie Coluccio, weder den grofsen Fund Petrarcas so lange ignorirt, noch bei seinem Freunde eine Fehlbitte gethan haben wird.

Wenden wir uns nun zu dem zweiten Briefe, welcher von Haupt im Lectionsverzeichnifs der Berliner Universität für den Winter 18$\frac{56}{57}$ veröffentlicht worden ist. Er ist, wie Th. Mommsen in den von Lachmann und Rudorff herausgegebenen Gromatikern II, p. 218 gezeigt hat, ums Jahr 1390 geschrieben und gerichtet an Pasquino de Capellis, den Kanzler des Herzogs von Mailand, Johann Galeazzo Visconti. In diesem Briefe dankt Coluccio zuvörderst in den wärmsten Ausdrücken für die Uebersendung einer Handschrift der Briefe Ciceros und beschreibt dann die darin enthaltenen Briefe so, dafs, wenn die Handschrift nicht alle Briefe Ciceros enthielt, was, wie sich gleich zeigen wird, wirklich der Fall war, darüber kein Zweifel sein kann, dafs es Briefe ad familiares gewesen sind, die Coluccio damals erhalten hat. Hierauf fährt Coluccio so fort: *Verum epistolas, quas tradidisti, considerans non aliter de me quam de Narcisso scribit Ovidius 'dumque sitim sedare cupit, sitis altera crevit.' Sentio quidem epistolarum Ciceronis plurimum abesse putoque quod has habueris ab ecclesia Vercellensi, verum compertum habeo quod in ecclesia Veronensi solebat aliud et epistolarum esse volumen, cuius, ut per aliquas epistolas inde desumptas quas habeo et per excerpta Petrarcae clarissime video, [quod] inter has penitus nihil extat*. Aus dieser Stelle ersehen wir:

1. Der Vercellensische Codex enthielt nicht alle Briefe Ciceros, und es fehlten nicht einige, sondern ein sehr grofser Theil derselben.

2. Als Coluccio die Briefe aus der Vercellensischen Handschrift erhielt, besafs er bereits von Petrarca aus einer Veronensischen Handschrift gemachte Excerpte und aufserdem einige Briefe aus derselben Handschrift, welche wahrscheinlich die 60 Briefe gewesen sind, um deren Uebersendung er im Jahre 1374 den Veroneser Caspar de Broaspinis bat.

3. Nach Coluccios Urtheil, und er konnte darüber urtheilen, jedenfalls besser als wir, nach seinem Urtheil also stand in der Vercellensischen Handschrift nichts von dem, was die Veronensische enthielt; es enthielt mithin jede der beiden Handschriften einen andern Theil von Ciceros Briefen.

Hiernach kann entweder die Vercellensische Handschrift nur einen Theil der Briefe ad familiares und die Veronensische den Rest und alle übrigen Briefe Ciceros enthalten haben, oder jene alle Briefe ad familiares und einen Theil der übrigen, diese aber den Rest, oder beide zusammen nur einen Theil von Ciceros Briefen, etwa allein die Briefe ad familiares, oder endlich die Vercellensische die Briefe ad familiares ganz und die Veronensische die Briefe ad Brutum, ad Quintum fratrem und ad Atticum. Von diesen vier allein möglichen Annahmen sind die beiden ersten an sich in hohem Grade unwahrscheinlich, und es zeigt auch der noch erhaltene alte Codex der Briefe ad familiares keine Spur davon, dafs er so zerrissen oder so zusammengesetzt ist, wie die beiden Annahmen es fordern. Diese also werden wir fallen lassen müssen. Gegen die dritte Annahme aber führe ich an, was Coluccio in demselben Briefe unmittelbar nach den oben angeführten Worten schreibt: *Quamobrem ut integre possim omnes* (epistolas Ciceronis) *habere, te per aeterni numinis maiestatem, per . . . . deprecor et obtestor, quod illas etiam inquiri facias et diligenter, ut has alias, exemplari, ut omnes qui magna iam ex parte suscepi tuo munere consequar epistolas Arpinatis . . . . . O quantus et tibi cumulabitur honor et perpetui nominis fama, si cunctas Ciceronis epistolas congregabis.* Wenn Coluccio Briefe ad familiares aus Vercelli hat und nun noch die in der Veronensischen Handschrift enthaltenen Briefe zugesandt haben will, um so in den Besitz aller vorhandenen Ciceronischen Briefe zu kommen, so mufs nach seiner Meinung die Veronensische Handschrift jedenfalls die Briefe an Brutus, Quintus Cicero und Atticus enthalten haben; denn dafs er nicht gewufst hätte, dafs auch diese Briefe von Petrarca gefunden waren, daran ist bei seiner nahen Verbindung mit Petrarca und seiner grofsen Kenntnifs der Litteratur in keiner Weise zu denken. Hatte aber Coluccio diese Ansicht, so können wir zwar für möglich halten, dafs Einzelnes aus jenen Briefen in der Handschrift gefehlt hat, denn Coluccio urtheilte nach Excerpten; wir müssen aber zugeben, dafs seine Ansicht im Ganzen richtig ist, denn uns fehlt jedes Mittel sie zu widerlegen. Mithin fällt auch die dritte der oben als möglich aufgestellten Annahmen und es bleibt nur die vierte, d. i. die volle Bestätigung unserer oben aufgestellten, aus andern Quellen gefundenen Ansicht.

Wir haben aus Coluccios Brief erkannt, dafs die Briefe ad familiares in Vercelli, die übrigen in Verona gefunden sind, ferner dafs beide Sammlungen auch nach Petrarcas Fund längere Zeit so gut als unbekannt geblieben sind, endlich dafs selbst nach Florenz vollständige Handschriften derselben erst ums Jahr 1390 durch Coluccios Bemühungen gebracht worden sind. Da nun Florenz damals die Metropole der Wissenschaften war und da Coluccio bei den damaligen Gelehrten mit Recht im höchsten Ansehn stand, so läfst sich annehmen, dafs die, welche Ciceros Briefe zu haben wünschten, unbekümmert um den Fundort sich nach Florenz wandten und dafs so Coluccios Recension sehr bald Vulgate wurde, die man wohl im Einzelnen veränderte, im Ganzen und Grofsen aber so leicht nicht verliefs. Um so wichtiger ist es zu wissen, welche Handschriften eigentlich in Coluccios Besitz gekommen sind.

Was nun zuerst die Briefe ad familiares betrifft, so zeigt die oben p. 5 angeführte Stelle aus Coluccios Brief, dafs er damals von Pasquino weder den noch vorhandenen Urcodex (Cod. Med. Plut. XLIX, n. IX), noch die ebenfalls noch vorhandene Abschrift Petrarcas (Cod. Med. Plut. XLIX, n. VII) erhalten hat; denn er bittet Pasquino, die Briefe an Atticus ebenso abschreiben zu lassen, wie er es mit denen ad familiares gethan hätte. Auch ist mir keine Notiz bekannt, die uns Aufschlufs geben könnte, wie diese beiden wichtigen Handschriften nach Florenz gekommen sind. Dafs sie aber schon von Coluccio gekannt und benutzt worden sind, läfst sich beweisen durch folgende Bemerkungen, die in zwei Codices bei Bandini Bibl. Laur. plut. XLIX, cod. 15 und Bibl. Gadd. plut. XI, cod. 74 sich finden:

ep. ad fam. VII, 24, 2: *ille autem, qui sciret se nepotem bellum tibicinem habere et sat bonum unctorem.* Diese Zeilen stehen im Mediceus im Text, in Petrarcas Abschrift sind sie von Coluccio am Rande nachgetragen; in cod. 15 plut. XLIX ist dazu bemerkt: *Additum est a coluccio salutato, id quod est in textu inter a et b.*

VIII, 13, 1 hat M. und Petrarca m. 1 *de causa*, Petrarca m. 2 *decussa l detonsa*; die oben bezeichneten Codices bemerken dazu: *de causa erat in exemplari et coluccius correxit decussa l detonsa.*

IX, 15 in f. Hier haben die beiden codd.: *Coluccius arbitratus fuit addendum esse aut in tecto vitii caetera mihi probabuntur.* Diese Zeile hat der Mediceus; ob sie in Petrarcas Abschrift steht, ist mir unbekannt.

X, 6, 3. Die beiden Codices haben: *Putavit colucius addendum esse hoc: nisi qui animo extitit in rempublicam consulari.* Diese Zeile steht im Mediceus; in Petrarcas Abschrift ist sie am Rande beigefügt.

Auch bei den Briefen an Atticus erwartet Coluccio von Pasquino nicht den Archetypus oder Petrarcas Abschrift, sondern er bittet ihn nur, ihm eine Abschrift anfertigen zu lassen. Es kann indessen seine Erwartung übertroffen worden sein, oder er hat bald darauf Petrarcas Abschrift, jetzt Cod. Med. plut. XLIX n. XVIII erhalten; jedenfalls hat er diese Handschrift besessen und ihr beigefügt, was er zur Verbesserung des Textes auffinden konnte. Es ist also diese Handschrift die Quelle der frühesten Vulgate geworden und, da die von Petrarca in Verona gefundene alte Handschrift, aus der sie abgeschrieben war, wieder verloren gegangen ist, ist sie auch für uns ein Haupthülfsmittel der Kritik geblieben.

II. Ueber den Codex Mediceus.
Plut. XLIX. Num. XVIII.

Bandini Catalogus codicum Latinorum bibliothecae Laurentianae Tom. I. p. 474 beschreibt diesen Codex so:

M. T. Epistolae ad Atticum manu Franc. Petrarchae exaratae.

I. p. 1. M. Tullii Ciceronis Epistolarum ad M. Brutum Liber singularis. Epist. 1 inc. Cicero Bruto salutem. L. Clodius tribunus plebis designatus cet. Epist. XVIII et ultima des. quaeque ad te pertinere arbitrer. VI K. Sextiles. Tum subiicitur: Ad Brutum Epistolarum Liber I explicit. Incipit ad Q. Fratrem.

II. p. 14. Eiusdem ad Quintum Fratrem Epistolarum Libri III. Primus inc. M. Q. Fratri Salutem. Etsi non dubitabam cet. Tertius des. mi suavissime et optime frater, ut in Edd.

III. p. 47. Eiusdem Epistola ad Octavianum. Inc. Si per tuas legiones cet. Des. simul fugere decrevi, ut in Editionibus. Haec tamen Epistola non est Ciceronis, sed declamatoris alicuius.

IV. p. 49. Eiusdem Epistolarum ad Atticum Libri XVI, ut in Editionibus. Heic tamen Lib. XVI desinit in verbis: quae de Caesaris actis interposita sunt non serventur magnam ...., quae pertinent ad Epistolam inscriptam L. Planco Pr. desig.

Graeca verba suis locis sunt exarata charactere quadrato eademque ad oram libri repetita occurrunt charactere minori et cum interpretatione Latina, et quidem ab eadem manu, quam item in Codice VII animadvertimus quaeque est Coluccii Pierii de Stignano, ut se in calce ultimae paginae subscribit; post cuius subscriptionem subiungitur: Donatus Acciaiolus emit a Donato Arretino Leonardi filio. Eiusdem certe manus, qua Coluccii subscriptio facta est, videntur esse pleraque marginibus totius voluminis ad indicis memorabilium rerum modum commissa, ut item lectionum varietates, quae frequenter occurrunt.

Weiterhin handelt Bandini von den Schicksalen des Codex in einer gelehrten Auseinandersetzung, die von Orelli in seiner hist. crit. epistolarum Ciceronis p. XL seq. vollständig abgedruckt ist und der ich nur weniges zuzusetzen habe.

Aus Coluccios Nachlafs erwarb den Codex durch Niccolo Niccoli's Vermittelung Leonardo Bruni von Arezzo, gewöhnlich Leonardus Arretinus genannt, welcher 1370 geboren war, von 1405 bis 1413 als päpstlicher Secretär fungirte und von 1427 bis an seinen Tod 1443 die Stelle eines Staatskanzlers in Florenz bekleidete. Dafs er den Codex besessen hat, sehen wir aus der Unterschrift desselben und dafs ihm Niccolo bei der Erwerbung behülflich gewesen ist, ergiebt sich aus folgender Stelle eines Briefes von Leonardo an Niccolo (Ep. Leonardi ed. Mehus II, 189): *De epistolis Ciceronis et gratias ago ingentes et ut ad me illas transmittas ardentissime exopto.*

Von Leonardus erbte sein Sohn Donatus den Codex und von diesem kaufte ihn Donatus Acciaiolus, der 1478 zu Mailand starb. Dies erfahren wir aus der oft erwähnten Unterschrift des Codex und aus Politiani Miscell. LIII: *in codice autem, quem fuisse aiunt Francisci Petrarchae primitus, certe Coluccii Salutati dein fuit et post hunc Leonardi Arretini, mox et Donati Acciaioli, virorum suae cuiusque aetatis eruditissimorum, sic adhuc exstat* cet.

Nachher kam der Codex in die Hände eines unbekannten Grammatikers, von diesem an Barptolomaeus Cavalcantes, endlich an Petrus Victorius, der ihn bei seiner Ausgabe zu Grunde legte und ihn mit seinen andern Büchern der von Cosmo Medici 1444 gegründeten öffentlichen Florentiner Bibliothek schenkte. Dies berichtet Victorius selbst theils in einem Briefe an Barptolomäus Cavalcantes (Victorii ep. lib. I, ep. 5): *cum enim domi tuae antiquum illud ab Angelo Politiano laudatum illarum epistolarum exemplar vidissem, quod disparem sortem ab ea, quam ille ei tribuiam dicit, multos sane annos expertum fuerat, eripueras enim tu illud e manibus ignobilis grammatici, apud quem diu latuerat, a te sumpsi illud et summa cura, quae in eo a vulgari lectione discrepabant notavi*, — theils in der Vorrede zu seiner Ausgabe (bei Graevius ep. ad Att. 1684 Tom. II. p. 327): *Dilexi vehementer, cum primum ipsum nactus sum, hunc librum ac cotidie magis perspecta eius bonitate multisque testimoniis confirmata diligo; qui etiam amor me impulit, ut ipsum collocarem in pulcherrima ac copiosissima totius orbis Medicea bibliotheca; ita namque ille magis ab omni periculo vacuus erit, quam si in privata domo custodiretur, et in claro illustrique loco positus ante oculos non solum meos verum etiam studiosorum omnium manebit. Cum enim studium Cosmi Medicis, magni nostri ducis, adiuvare volens, qui praeclaram supellectilem librorum acceptam a maioribus auctamque magnis suis sumptibus et gratia qua floret in pulcherrimo a se absoluto aedificio consecravit utilitatibusque litteratorum hominum exposuit, libros omnes meos antiquos et Graecos et Latinos, quos longo studio ac diligentia mihi paraveram, ei dono dedissem, hunc etiam, delicias atque amores meos, adiunxi.*

So viel von dem Umfange und den Schicksalen der Handschrift; wenden wir uns nun zu einer Prüfung ihres Inhalts, zuerst des Textes und dann der vielen in ihr enthaltenen Correcturen.

Dafs der Text des Codex von Petrarca selbst geschrieben ist, hat zuerst Victorius behauptet und zwar nach vorangegangener genauer Untersuchung; vergl. seine Vorrede a. a. O. p. 324 ff. Diese Ansicht ist dann unangefochten geblieben und hat gewifs viel dazu beigetragen, dem Codex das grofse Ansehn zu verleihen, in dem er bei fast allen Herausgebern gestanden hat. Sie ist jedoch nicht so unbedingt wahr, als man bisher annahm. Es hat nämlich Th. Mommsen, nachdem er, wie Victorius, von Petrarca eigenhändig geschriebene Briefe mit der Schrift des Codex verglichen hatte, gefunden, dafs wohl ein grofser Theil des Codex von Petrarca geschrieben ist, dafs aber auch einzelne Quaternionen von andern geschrieben sind. So beginnt eine andere Hand beim Anfang eines neuen Quaternio:

VII, 7, 6 mit den Worten *transierit rationem.*
XII, 1, 1 „ „ „ *cogitabam in Anagnino.*
XII, 37, 1 „ „ „ *epistolam misi*, wo quat. XXV endigt.
XIII, 20, 4 „ „ „ *sua quemque*, wo quat. XXVI endigt.

Diese Wahrnehmung ist allerdings nicht ohne Wichtigkeit für die Kritik; denn man wird nun nicht mehr annehmen kön-

nen, dafs Schreibfehler, die in einem Theile des Codex auffallend
häufig vorkommen, auch im ganzen Codex sich finden werden.
Der Werth des Codex im Ganzen würde aber nur dann dadurch
herabgesetzt, wenn nachgewiesen werden könnte, dafs Petrarca
den ganzen Codex abgeschrieben hat, und dafs davon nur ein
Theil in unsern Codex gekommen, das übrige aber bei andern
Codices benutzt worden ist, oder wenn mit Grund angenommen
werden könnte, dafs in dem Theile, der von Petrarca selbst herrührt, viel mehr Sorgfalt und Sachkenntnifs sich zeige, als in den
andern, die doch wohl in seinem Auftrag von unbekannten
Schreibern abgeschrieben sind. Davon ist aber weder das eine
anzunehmen noch das andere; denn dem ersteren widerstreitet
die Beschaffenheit unseres Codex, der keine Spur einer solchen
Zusammensetzung erkennen läfst, dem andern aber die in allen
Quaternionen ziemlich gleiche Verderbnifs des Textes.

Dafs dagegen die durch den ganzen Codex sich hindurch-
ziehende überaus grofse Verderbnifs des Textes wohl geeignet
ist, das Gewicht, das man sonst mit Recht der ersten Abfassung
beilegt, zu verringern, läfst sich durchaus nicht in Abrede stellen;
denn die Verderbnifs des Textes ist so bedeutend, dafs man ohne
Uebertreibung behaupten kann, dafs nicht ein einziger längerer
Brief mit aller unserer Kunst sich lesbar machen lassen würde,
wenn uns die Correcturen fehlten, welche von einer andern
Hand dem Codex beigeschrieben sind. Auf diese also werden
wir vorzugsweise unsere Aufmerksamkeit zu richten haben.

Die Correcturen im Mediceus finden sich entweder im Text
selbst oder über demselben oder am Rande. Denen, die über
dem Texte oder am Rande stehen, sind häufig Zeichen vorgesetzt,
entweder al mit durchstrichenem l, oder l mit einem Strich durch,
oder c mit einem Häkchen darüber; in den bei weitem meisten
Fällen fehlen aber diese Vorzeichen.

Eine andere Verschiedenheit der Correcturen liegt in dem
verschiedenen Ursprung; denn viele sind von dem Schreiber des
Codex gemacht, bei weitem die meisten von Coluccius Salutatus,
nicht wenige aber auch von einer oder mehreren neueren Händen.
Die der ersten Art werden mit m. 1, die der zweiten mit m. 2,
die der dritten mit m. 3 bezeichnet werden.

Beide Verschiedenheiten sind unabhängig von einander. Es
kann nur aus der Schrift erkannt werden, ob eine Correctur von
m. 1 oder m. 2 herrührt, nicht aus dem Orte, wo sie steht, oder
daraus, dafs eins der erwähnten Zeichen ihr vorgesetzt ist oder
nicht. Denn es findet sich von m. 1, deren Verbesserungen na-

türlich am häufigsten im Text selbst vorkommen, z. B. II, 6, 1 zu dem Text *erathos-tenes* folgende Randnote .... *puto melius erat esthenes*. ... *quod sit proprium nomen* und V, 6, 2 bei *abesse* übergeschrieben *c. adesse* und XII, 52, 2 bei *est* übergeschrieben *l. es*, ferner von m. 2, deren übergeschriebene und am Rande beigefügte Verbesserungen so häufig sind, dafs es unnöthig ist Beispiele anzuführen, III, 12, 2 *m* in Rasur in *emanaturam*, endlich von m. 3, die natürlich am häufigsten am Rande verbessert, V, 14, 2 in den Worten *nos asia accepi*. *Adventus noster admirabiliter* im Texte selbst verbessert *nos Asia accepit admirabiliter. Adventus noster.* Wir sind also nicht berechtigt eine Lesart blos darum zu verwerfen, weil sie am Rande steht, und es ist nicht richtig, was Orelli in der hist. crit. epist. p. LV sagt: *correctiones duplicis sunt generis; aliae superscriptae ipsis Ciceronis verbis, aliae in margine adscriptae. Has quidem omnes coniecturae tribuo et quidem plerumque ineptae, maxime in Graecis.*

Fragen wir nun nach dem Werthe der verschiedenen Correcturen, so machen uns die von m. 1 wenig Schwierigkeiten. Allerdings kommen auch von m. 1 Noten vor, die nicht Herstellung der Ciceronischen Worte sind, wie die oben angeführte Note zu *Eratosthenes*, ferner XV, 21, 1 das eingeschobene *patris scilicet* und VII, 12, 3, wo m. 1 beigeschrieben hat *timiditas Ciceronis* und m. 2 dies durchstrichen und dafür *imo honesta sollicitudo* gesetzt hat. Indessen dergleichen Interpolationen giebt es nur wenige und sie sind so augenscheinlich Bemerkungen des Lesers, dafs sie uns nicht irre führen können. Dagegen sind die meisten Aenderungen blofse Verbesserungen von Schreibfehlern, die der Schreiber beim Schreiben oder nachher bei der Durchsicht nach dem Archetypus gemacht hat. Da also eine Hinneigung der m. 1, dem Text des Cicero durch eigene Conjecturen aufzuhelfen, nirgends zu erkennen ist, so werden wir Correcturen dieser Hand, auch wenn sie allenfalls Conjecturen sein könnten, höher als den Text und dem Archetypus gleich achten können, wofern nicht deutlich nachzuweisen ist, dafs sie doch nur auf Conjectur beruhen.

Eben so leicht ist es, mit den Correcturen von m. 3 ins Reine zu kommen. Da die meisten von ihnen offenbar Conjecturen sind und da auch die übrigen von der Beschaffenheit sind, dafs sie ohne Hülfe eines alten Codex durch Vermuthung gefunden sein können, so sind sie alle für Verbesserungsversuche der italienischen Gelehrten des 15. Jahrhunderts zu halten, um so mehr, als eine alte Quelle, aus der diese Gelehrten geschöpft haben könnten, sich, wie sich zeigen wird, nicht nachweisen läfst.

Es bleiben noch übrig die Correcturen der m. 2, d. i. die von Coluccius Salutatus. Sie sind, wie oben bemerkt, theils in den Text, theils über denselben, theils an den Rand geschrieben und haben entweder eins der erwähnten Vorzeichen oder nicht. Wir betrachten zuerst die ohne Zeichen, die zahlreichsten und wichtigsten von allen im Mediceus befindlichen Correcturen.

Ueber diese Correcturen habe ich Folgendes zu bemerken:

1) m. 2 bringt viele nothwendige und zum Theil sehr bedeutende und schwer zu findende Ergänzungen zum Text, was man aus nachfolgenden Stellen erkennen wird, an welchen das Eingeklammerte von m. 2 hinzugefügt ist.

I, 1, 1 *Prensat unus P. Galba.* [*Sine fuco ac*] *fallaciis more maiorum negatur.*

I, 16, 10 *Iuranti, inquit, tibi non crediderunt.* [*Mihi vero, inquam, XXV iudices crediderunt.*]

I, 16, 15 *Epigrammatis tuis, quae in Amaltheo posuisti, contenti erimus, praesertim cum et Chilius nos reliquerit* [*et Archias nihil de me scripserit*].

I, 20, 2 *cum hominis amplissima fortuna, auctoritate, gratia fluctuantem sententiam confirmassem* [*et a spe malorum ad mearum rerum laudem convertissem. Quod si cum aliqua levitate mihi faciendum fuisset, nullam rem tanti aestimassem*] cet.

II, 1, 6 *sed ut ille esset melior et aliquid de populari levitate* [*deponeret*].

II, 9, 1 *orbis hic in re publica est conversus;* [*citius*] *omnino quam oportuit.*

II, 25, 1 *cum aliquem apud te laudaro tuorum familiarium,* [*volam*] *illum scire ex te me id fecisse.*

IV, 16, 10 *amisimus, mi Pomponi,* [*non modo*] *omnem succum ac sanguinem, sed etiam* cet.

VII, 5, 4 *de re publica cotidie magis timeo; non enim boni, ut putant,* [*consentiunt*].

VII, 26, 3 *ego bellum foedissimum* [*futurum*] *puto.*

VIII, 4, 2 *plane* [*sine*] *ulla exceptione praecidit.*

VIII, 12, 3 *et plane quid rectum et quid faciendum mihi esset* [*diutius*] *cogitare malui.*

VIII, 15, 2 *nec me consules movent, qui ipsi pluma aut folio* [*facilius*] *moventur.*

VIII, 15 A, 2 *nam cave putes hoc tempore* [*plus me*] *quemquam cruciari.*

IX, 6, 1 *sed fortasse in eo ipso offendetur, cur non [Romae] potius.*

IX, 6A in f. *festinationi meae brevitatique litterarum ignosces. [Reliqua ex Furnio cognosces].*

IX, 7A, 1 *consilia ex eventu, non ex voluntate a plerisque probari [solent].*

IX, 7A, 2 *quae nobis videntur tuae dignitati, non Caesaris rationi esse [utilissima].*

IX, 7B, 3 *haec quam prudenter [tibi scribam nescio, sed illud certe scio] me ab singulari amore ac benevolentia, quaecumque scribo, tibi scribere.*

IX, 9, 1 *tanto plus apud me valere beneficii gratiam quam iniuriae dolorem [volo].*

IX, 15A, 1 *cum Capua exissemus, [in itinere] audivimus [Pompeium] Brundisio ... profectum esse.*

X, 4, 4 *et si recte in illis libris diximus, nihil esse bonum [nisi quod honestum, nihil malum] nisi quod turpe sit.*

XIV, 15, 3 *sed non possunt omnia simul. Incipit [res melius ire quam putaram].*

XIV, 17A, 2 *et tamen non alienum est dignitate tua, quod ipsi Agamemnoni, regum regi, fuit honestum, aliquem in consiliis capiendis Nestorem [habere].*

XIV, 22, 1 *minime enim obscurum est quid isti moliantur; meus vero discipulus, qui hodie apud me caenat, valde amat illum, quem Brutus noster sauciavit, [et si quaeris], perspexi enim plane, timet otium.*

XV, 6 *cum ad me Brutus scripsisset ... ut Hirtium ... mea auctoritate meliorem [facerem].*

XV, 6 *ne forte ipsi nostri plus animi [habeant] quam habent.*

XVI, 10, 1 *constitueram, ut V Idus [aut Aquini] manerem aut in Arcano.*

2) bringt m. 2 Ergänzungen zu solchen Stellen, die auch ohne die Ergänzung vollständig verständlich sind; z. B.

III, 20, 1 *diem natalem reditus mei cura ut in tuis aedibus [amoenissimis] agam tecum et cum meis.*

VII, 7, 5 *nam quod scribis mirificam exspectationem esse mei neque tamen quemquam bonorum [aut satis bonorum] dubitare, quid sensurus sim.*

VIII, 14, 3 *addit illud, sane molestum: pecuniam Domitio [satis] grandem, quam is Corfinii habuerit, non esse redditam.*

XV, 1, 1 *quid est, quod non pertimescendum sit, cum homi-*

non temperantem, [*summum medicum*] *tantus improviso morbus oppresserit?*

   3) verändert m. 2 Stellen, die richtig und leicht verständlich sind. So setzt sie

   IV, 9, 1   *diebus initiandis* für das richtige *vitiandis*.
   IV, 1, 6   *decreverunt*   „   „   „   *dederunt.*
   VIII, 11, 3 *tumultu*   „   „   „   *non multo.*

   4) verändert m. 2 verderbte Stellen so, dafs sie nach der Veränderung ebenso oder noch unverständlicher sind. So giebt

   III, 19, 1 m. 1 *sed et salutem*, m. 2 *sed ut saltem*.
   V, 20, 7   m. 1 *quasi*, m. 2 *quas si*.
   VIII, 16, 2 m. 1 *cum hiis si domi*, m. 2 *cumis si domi*.
   VIII, 16, 1 m. 1 *ocultum et tum iter*, m. 2 *ocultum metum. Iter.*
   XIV, 5, 2 m. 1 *me deridisse*, m. 2 *mederi ipse*.
   XIV, 10, 3 m. 1 *ad cena clavianum*, m. 2 *ad cenano cluvianam.*
   XVI, 7, 2 für *acta sunt* m. 1 *accasum*, m. 2 *occasum*.

   5) läfst m. 2 eine grofse Menge Verderbnisse unberührt, deren Beseitigung ganz leicht ist; z. B.

   IV, 15, 4 *veritas* für *verita est*.
   VI, 1, 3 *usum* für *ii suum*.
   VII, 2, 8 *necesse Sestiam* für *necesse est iam*.
   VII, 11, 3 *debeamus* für *redeamus*.

   Sehen wir jetzt, was aus den eben gemachten Bemerkungen sich ergiebt. Dafs ein Interpolator schwere Verderbnisse eines Schriftwerks durch Ergänzung oder durch Veränderung heilt, ist möglich und oft dagewesen; dafs aber ein Mann, und wäre es der genialste und gelehrteste Philolog, so viele und so glänzende Emendationen machen könnte, wie m. 2 bringt, das halte ich für unerhört und unmöglich. Jedenfalls ist das wahr, dafs, wenn wir alle Verbesserungen, die im Laufe der letzten vier Jahrhunderte in Ciceros Briefen gemacht worden sind, zusammennehmen, diese Verbesserungen weder an Menge noch an Güte auch nur im Entferntesten mit denen von m. 2 zu vergleichen sind, obwohl nicht selten die gröfsten Gelehrten ihrer Zeit Ciceros Briefe zum Gegenstand ihrer Forschungen gemacht haben. Also den Gedanken, Coluccio Salutato könnte der Urheber dieser Verbesserungen sein, den müssen wir auf jeden Fall fallen lassen. Wenn er es aber nicht war, wer soll es denn gewesen sein? Wir haben gesehen, dafs Ciceros Briefe eigentlich erst durch Coluccio Salutato in die gelehrte Welt eingeführt worden sind und dafs er selbst nur wenige Jahre noch lebte, nachdem er in den Besitz der Handschrift gekommen war. Wie sollten da Florentinische

Gelehrte im Stande gewesen sein, eine so durchgreifende Umgestaltung des Ciceronischen Textes durchzuführen, und, wenn sie es gewesen wären, wie sollte eine damals so hoch angesehene Thätigkeit so ganz unerwähnt gelassen sein? Also wenn die Verbesserungen der m. 2 Interpolationen sind, so sind sie doch Interpolationen ältern Ursprungs, entnommen einem alten Codex, vielleicht das Werk einer Jahrhunderte langen Thätigkeit. Aber warum müssen sie denn durchaus Interpolationen sein? Ein Interpolator läfst nicht leicht Verderbnisse unberührt, deren Heilung auf der Hand liegt, m. 2 thut das häufig; er richtet seine Thätigkeit ausschliefslich auf verderbte und dunkle Stellen, m. 2 verändert nicht selten Stellen, die vollkommen richtig und ganz leicht zu verstehen sind; er hat immer das Bestreben, die von ihm in Angriff genommene Stelle lesbar zu machen, m. 2 ändert oft so, dafs die Stelle unverständlicher wird als zuvor. Endlich stimmt m. 2 an manchen Stellen mit dem Turnesianus Lambins überein, welcher Codex (Z), wie sich zeigen wird, vor Lambins Zeit unbekannt gewesen, oder wenigstens nicht benutzt worden ist; z. B. III, 17, 1 hat m. 1 *appispectio*, Z und m. 2 *Appi quaestio*, IX, 8, 1 m. 1 *H. d idus*, m. 2 und Z. *II Idus*, IV, 16, 3 m. 1 *huic ioculatorem*, m. 2 und Z *huic ioculatoriae*, I, 1, 1 m. 1 *liquere*, m. 2 und Z *lucere*. Das sind doch Zeichen genug, dafs wir es hier nicht blos mit Interpolationen zu thun haben. Allerdings können Interpolationen darunter sein, und sie sind es gewifs, selbst von Coluccios Erfindung. Oder kann man es anders erklären, wenn m. 2 beischreibt zu IX, 9: *cur philosophe desperas et optas quae mutari non possunt?* und IX, 12: *fateri iam incipis electionis tuae stultitiam*, oder wenn sie überschreibt V, 15, 1: *i. cessare faciat* über *cesset* und V. 15, 3: *i. valde magistris* über *permagistris?* Indessen so etwas findet sich überall; hat doch selbst m. 1, wie schon bemerkt ist, II, 6, 1 bei *erathos-tenes* beigeschrieben *puto melius erat esthenes, quod sit proprium nomen*, und VII, 12, 3 am Rande *timiditas Ciceronis*, wozu dann m. 2 *imo honesta sollicitudo* geschrieben hat. Und es ist doch sicherlich nicht gleichgültig, ob der Kritiker einer Ueberlieferung gegenüber steht, die im Ganzen lauter ist und nur durch einige Flecken getrübt, oder ob er es mit einer trüben Ueberlieferung zu thun hat, die einige Lichtpunkte hat. Im ersten Falle gilt die angezweifelte Lesart, bis man den Beweis geführt hat, dafs es eine Interpolation ist; im zweiten Falle hat man den Beweis zu führen, dafs eine aufzunehmende Lesart keine Interpolation ist. Das aber, dafs dort dem Angreifer, hier dem Vertheidiger die Beweislast zufällt, ist in der Praxis ein bedeutender Unterschied. Wenn es mir also gelungen wäre nachzuweisen, dafs wir bei den Verbesserungen der m. 2 im ersten Falle uns befinden, so wäre das ein für die Kritik der Ciceronischen Briefe nicht zu verachtendes Resultat.

Wir kommen nun zu den Verbesserungen von Coluccios Hand, die mit einem Vorzeichen versehen sind, entweder mit al oder l oder c. Diese auch sonst vielfach gebrauchten Zeichen werden gewöhnlich so erklärt, al bedeute alias, l vel und c corrige oder correctum, und diese Erklärung, die wohl die am nächsten liegende ist, findet wenigstens bei l und c auch dadurch eine Bestätigung, dafs II, 6, 2 vel ausgeschrieben ist und XIII, 1, 3 cor. steht.

Was nun zuerst die mit al bezeichneten Lesarten betrifft, so können sie nicht Conjecturen sein, am wenigsten Conjecturen von Coluccio; denn

1) finden sich unter diesen Lesarten nur sehr wenige richtige oder auch nur verständliche, wenn ich richtig gezählt habe, nur 8, und diese sind noch dazu leicht zu machende Verbesserungen offenbarer Schreibfehler.

2) sind nicht selten dem richtigen und leicht verständlichen Text ganz unverständliche Lesarten mit diesem Vorzeichen beigefügt; z. B.

I, 17, 2 hat m. 1 das richtige *accidisset* und doch fügt m. 2 *al. audisset* bei, was ganz unverständlich ist.

VII, 9, 3 giebt sie für das richtige *ullum* der m. 1 *al. stultum*.

VI, 1, 26 hat m. 1 *acamie*, hat es aber verbessert in *academie*, d. i. *academiae*. Dennoch hat m. 2 darüber geschrieben *al. acane*.

3) endlich sind unverständlichen Stellen im Text ebenfalls unverständliche Lesarten mit diesem Vorzeichen beigeschrieben; z. B. VI, 2, 9 ist die richtige Lesart *sumptu iam nepos evadit*, m. 1 hat aber *sumptu iam ne. posse vadit* und m. 2 hat übergeschrieben *al. non posse*. Und dies ist geschehen, selbst wo die Verbesserung ganz leicht war; z. B.

V, 21, 11 hat m. 1 *detivi etiam*, m. 2 *al. Decium*; richtig ist *petivi etiam*.

IV, 13, 2 hat m. 1 *dium ultum*, m. 2 *al. diminutum*; richtig ist *diu multumque*.

Es sind also die mit al bezeichneten Lesarten von Coluccio einer Handschrift entnommen worden, und diese Handschrift war nicht dieselbe, die Coluccio bei seiner Recension als Grundlage benutzte, es müfste denn etwa diese mit al bezeichnete Varianten enthalten haben, was, wie sich zeigen wird, nicht anzunehmen ist.

Von den mit l bezeichneten Correcturen habe ich 37 notirt und es werden nicht viele sein, die ich übersehen habe. Unter diesen 37 finden sich nun 23, wo m. 1 offenbar das Richtige hat und m. 2 augenscheinlich Falsches giebt, 8, wo beide Falsches bieten, und nur 6, wo die Verbesserung richtig oder doch lesbar ist. Ich glaube also, dafs auch diese Correcturen, die übrigens wegen ihrer Beschaffenheit und wegen ihrer geringen Zahl von keiner Bedeutung sind, nicht von Coluccio herrühren.

Die mit c bezeichneten Lesarten endlich sind unzweifelhaft Conjecturen, die Coluccio selbst gemacht oder von seinen Freunden mitgetheilt erhalten hat. Sie treffen häufig das Richtige, und überall, auch wo sie Falsches geben, liegt das Bestreben zu Tage, den verderbten oder nicht leicht zu verstehenden Text lesbar zu machen oder doch wenigstens ein durch einen Schreibfehler entstelltes Wort durch ein ähnliches bekanntes Wort zu ersetzen. So schreibt Coluccio allerdings falsch XI, 7, 7 *actutum* für *adtutum* (richtig *adiutum*), XII, 35, 1 *volo* für *vello* (richtig *vel illo*) und VII, 11, 4 *ex dolore municipalium* für *ex dolore municipali* (richtig); VIII, 11 B, 2 *vidi Ampium dilectum habere diligentissime, ab eo accipere Libonem, summa item diligentia* nahm er Anstofs an *item* und corrigirte *intelligentia*. Doch wozu Beweise für eine zugestandene Sache? Dafs übrigens Coluccio seine Conjecturen zum Theil wenigstens eher gemacht hat, als er den Codex erhielt, der ihn in Stand setzte, eine durchgreifende Recension des Textes vorzunehmen, und dafs er den Correcturen ohne das Vorzeichen c eine gröfsere Bedeutung beigelegt wissen wollte, scheint mir aus folgenden zwei Stellen hervorzugehen:

V, 6, 2 hat m. 1 *abesse*, und dies ist im Text von m. 2 richtig in *adesse* corrigirt; m. 1 hat aber auch über den Text geschrieben *c. adesse* und dieses ist von m. 2 ausgestrichen.

IX, 2 A 1 *ut honorem quidem a se accipere vellem*. Diese Worte bedürfen einer Negation, Coluccio schrieb also *c. nollem*, nachher fand er aber *ne* vor *honorem*, schrieb dies über den Text und strich *nollem* aus.

Hiernach lassen wir die mit dem Zeichen c versehenen Lesarten auf sich beruhen und wenden uns zu der wichtigen Frage, welchen Handschriften Coluccio die übrigen Lesarten entnommen haben mag. Wir beginnen wieder mit den wichtigsten, denen ohne Vorzeichen.

Als Coluccio durch Pasquino seine Handschrift erhielt, waren die Briefe Ciceros an Atticus in Florenz so gut wie unbekannt; jedenfalls war eine vollständige Handschrift derselben dort nicht vorhanden. Nun war aber Coluccios Handschrift so verderbt, dafs der für seine Erwerbung begeisterte Mann sicherlich nicht lange wird gezögert haben, durch Aufsuchung eines andern kritischen Hülfsmittels seinen Schatz geniefsbar zu machen. An wen aber konnte er sich wenden als an Pasquino, und was konnte ihm dieser bieten, als entweder den Archetypus, oder eine Abschrift desselben, die sorgfältiger war, als die, welche Coluccio besafs? Wenn also die Lesarten der m. 2 nicht von der Art sind, dafs sie durchaus eine verschiedene Ueberlieferung voraussetzen, so müssen wir annehmen, dafs sie demselben Codex ihren Ursprung verdanken, den m. 1 abgeschrieben hat. Das sind sie aber so wenig, dafs, wenn auch das eben angegebene Sachverhältnifs unbekannt wäre, die Lesarten selbst uns auf dieselbe Ansicht bringen würden; denn bei weitem die meisten sind entstanden aus einer genaueren und mit Nachdenken und Sachkenntnifs versuchten Entzifferung derselben Schriftzüge, die der m. 1 vorgelegen haben. Bald ersetzen sie falsch abgeschriebene Buchstaben durch andere ähnliche, die auch nicht immer richtig sind; z. B.

VIII, 11 D in f: *cuius* m. 1, *civis* m. 2,
IV, 11, 1 *cras muma se* m. 1, *crasinum a se* m. 2 statt *Crassum a se*,
IV, 15, 1 *vinctus* m. 1, *iunctus* m. 2,
IV, 15, 2 *suus* m. 1, *si vis* m. 2,
IX, 14, 1 *via ut* m. 1, *ut aut* m. 2,

bald beruhen sie auf verschiedener Erklärung der Abkürzungen, z. B.

IX, 15, 2 *quod mutus* m. 1, *Q. Mucius* m. 2,
XIV, 10, 3 *ad cena* m. 1, *ad cenano* m. 2 statt *ad centena*,
I, 14, 4 *de i mortuis* m. 1, *dein mortuis* m. 2 statt *de intermortuis*,
III, 8, 2 *phetolibeum* m. 1, *pheton libertus eum* m. 2,

bald sind sie nichts weiter als eine andere Abtheilung der Buchstaben, zuweilen mit leichter Aenderung, z. B.

VIII, 11, 3 *utilia convenio* m. 1, *ut illa cui nemo* m. 2,
IX, 10, 8 *tam sis secum* m. 1, *te mansisse cum* m. 2,
IX, 12, 2 *in pueris sime* m. 1, *impurissime* m. 2,
XIV, 16, 1 *regnare navigareo loca* m. 1, *regna renavigaro O loca* m. 2,
XVI, 3 in f. *ab illa re se res* m. 1, *ab illa. Referes* m. 2,

VIII, 10 in f. *solvite* m. 1, *volui te* m. 2,
VIII, 11, 2   *beatissimus* m. 1; *beati simus* m. 2,
VIII, 11 D, 3 *quare hi qui* m. 1, *qua reliqui* m. 2,
VIII, 11 D, 6 *velim qua* m. 1, *vel iniqua* m. 2,
VIII, 12 B, 2 *se ruente cum* m. 1, *servent aequum* m. 2,
IX, 3, 2   *sed tutius* m. 1, *se diutius* m. 2,
IX, 6, 7   *miti ospes* m. 1, *initio spes* m. 2,
XIV, 8, 1   *inde versoliolos in Vessano* m. 1, *in deversiolo Sinuessano* m. 2,
VII, 5, 5   *alium iis* m. 1, *ahaimus* m. 2,
IV, 17, 3   *quid ain ysium* m. 1, *qui Dionysium* m. 2,
VII, 17, 3   *nonas per nos* m. 1, *non aspernor* m. 2,
VII, 20, 2   *me non dum* m. 1, *manendum* m. 2,
IX, 6, 1   *quondam re Arpinum* m. 1, *cum dare Arpini* m. 2,
IX, 6, 2   *capti quaesivimus* m. 1, *captique simus* m. 2.

Wenn aber m. 2 wirklich sich etwas weiter von den Schriftzügen der m. 1 entfernt, so sind das entweder offenbare Versehen von m. 1, wie:

Ueberspringen von einem Worte auf ein weiter folgendes gleiches oder ähnliches (s. Beispiele oben bei den Ergänzungen der m. 2),

Hinzufügung eines unrichtig geschriebenen oder ganz übergangenen Wortes ohne Tilgung des Fehlers, z. B.

VIII, 14, 2 hat m. 1 *video enim id bellum et quantum quam pestiferum futurum sit*, m. 2 tilgt *quantum* und setzt es richtig vor *id bellum,*

II, 6, 1 hat m. 1 *ad litteras captandas lacertas*, m. 2 tilgt *litteras* und *lacertas* und schreibt *ad lacertas captandas,*

VIII, 12, 1 *quod tibi et quia tibi* m. 1, *quo quia tibi* m. 2, falsche Schreibung der Flexionsendungen, z. B.

VIII, 11 B, 1 *tenerit possem* m. 1, *teneri possem* m. 2,
VIII, 11 B, 3 *tenebam* m. 1, *tenendam* m. 2,
IV, 16, 12   *triumphare* m. 1, *triumphaturum* m. 2,
III, 11, 1   *tenebat* m. 1, *tenebant* m. 2,
II, 6, 1   *consid* m. 1, *considam* m. 2,
II, 5, 2   *pareant* m. 1, *parentur* m. 2,
X, 4, 5   *excruciari* m. 1, *excruciat* m. 2,

endlich andere bei m. 1 sehr häufig vorkommende Schreibfehler, die übrigens keineswegs immer von m. 2 corrigirt sind, wie:

quin für *cum* z. B. XIV, 11
se   „   *te* XV, 2, 2

enim für *autem* XVI, 6, 2 und umgekehrt
si „ *sed* VIII, 1, 2
est „ *et* VIII, 11 B, 3
nisi „ *nihil* VIII, 13
nisi „ *num* VII, 11, 1
sine „ *in* VII, 9, in f. und umgekehrt VII, 11, 4
ne „ *sine* VII, 13 A, 1
te „ *tibi* II, 7, 1 und umgekehrt IV, 11, 2
qui „ *cui* IV, 6, 2
in nach *m* weggelassen VI, 1, 14
praesidia für *praedia* VII, 17, 1
sententiam „ *sentiam* VII, 6, 2;

oder aber m. 2 sucht durch Conjectur den schon im Archetypus verderbten Schriftzügen einen Sinn abzugewinnen, so

VIII, 3, 3   *servi mei* m. 1, *per vim et* m. 2,
IX, 11, 1   *sunt ventum est* m. 1, *inventus est* m. 2,
X, 8, 4   *misi sorteus malis sis* m. 1, *nisi forte iis amissis* m. 2,
IV, 3, 3   *cum se non ad iudicium, sed ad supplicium praesens videri videret* m. 1, m. 2 setzt *reservari* für *praesens videri,*
VIII, 12, 2   *spere* m. 1, *per L.* m. 2,
VI, 1, 12   *pueri autem aiunt se furenter irasci* m. 1, m. 2 setzt *eum* für *se,*
I, 12, 3   *per manus seprule* m. 1, *per manus Servilie* m. 2,
IX, 6, 4   *angebar, sicut res scilicet ipsa cum consilio possem* m. 1, *angebar, sicut res scilicet ipsa cogebat, quo uti consilio possem* m. 2,

und dies geschieht nicht selten so, dafs man deutlich sieht, dafs genau dieselben Schriftzüge der m. 1 und m. 2 vorlagen, z. B.

VIII, 4, 1   *ad quem ego quas litteras, det immortales, miseram* m. 1, m. 2 corrigirt erst *dedi*, streicht dies dann und setzt *dei,*
VII, 11, 3   *per fortuna* m. 1, m. 2 zuerst *par fortuna*, dann *per fortunas,*
VI, 1, 2   *vidi set* m. 1, *vidisset* m. 2, richtig ist *videt sed,*
IX, 11, 4   *quidem austum* m. 1, *quid Emastium* m. 2, richtig ist *quid Faustum,*
VII, 13 A, 2   *invidorum* m. 1, m. 2 erst *invictorum*, dann *invitorum,*
VIII, 1, 3   *mire res et* m. 1, m. 2 zuerst *mirere sed*, dann *mirere si,*
XIV, 13 B, 2   *noles* m. 1, m. 2 zuerst *nolis*, dann *nolles,*

III, 17, 1   *non uniusq.* m. 1, m. 2 zuerst *nonum usque,* dann
  Non. Iun. usque.

Abweichungen, die nicht auf eine dieser Arten erklärt werden könnten, habe ich nicht gefunden, aufser etwa VIII, 11 D, 7, wo m. 2 für das richtige *large* der m. 1 *tarde* giebt, was vielleicht im Archetypus gestanden hat und von m. 1 verbessert ist; denn dafs auch m. 1 sich nicht immer der Conjecturen enthält, ist an manchen Stellen deutlich zu erkennen. Auch werden meines Wissens von m. 2 niemals einzelne oder mehrere Wörter der m. 1 gestrichen, aufser offenbare Dittographien und Irrthümer, oder Wörter, die überflüssig oder störend zu sein schienen, wie

III, 16   wo *aliud aliquid* aus der folgenden Zeile entnommen ist,

VII, 24   *ecce postridie Cassio litterae Capua a Lucretio, familiari eius, Nigidium a Domitio Capuam venisse .... Idem scripsit Capua a L u c r e t i o , f a m i l i a r i e i u s , N i g i d i u m a D o m i t i o consules discessisse,* wo über das gesperrt Gedruckte m. 2 *vacat* geschrieben hat,

XVI, 16, 1   ad *Plancum scripsi, misi, habes exemplum,* wo *misi* von m. 2 gestrichen ist.

Wir sehen also, der Codex, den Petrarca abgeschrieben, und der, den Coluccio benutzt hat, sind sich so gleich gewesen, dafs wir entweder beide für identisch oder den zweiten für eine genaue Abschrift des ersten halten müssen. Dafs aber die zweite Annahme weniger für sich hat, lehren die unzähligen Stellen, wo m. 2 für ein unverständliches Wort der m. 1 ein ebenso unverständliches setzt und dann dies wieder ausstreicht, und noch mehr die Stellen, wo m. 2 dasselbe thut und ausdrücklich die alte Lesart wiederherstellt; denn dafs zwei Abschreiber desselben Originals bei unleserlichen Stellen denselben Fehler machen, ist wohl möglich; wenn sie aber einmal abweichen, so kann aus dem Fehler der zweiten Abschrift der der ersten schwerlich herausgelesen werden.

Wir kommen nun zu den Correcturen, die mit dem Zeichen al versehen sind. Dafs diese einem Codex entnommen sind, haben wir bereits gesehen; dafs sie nicht als Varianten dem Archetypus beigeschrieben gewesen sind, erkennen wir daraus, dafs sie eher eingetragen sind als die dem Archetypus entnommenen Correcturen ohne Vorzeichen, eher also, als Coluccio den Archetypus erhielt. Dies aber läfst sich beweisen durch folgende zwei Wahrnehmungen:

1) V, 14, 2 steht im Text von m. 1 *per meos*, m. 2 hat darüber geschrieben *spero eos* und am Rande zugefügt *al. spero eos.* Nun kann das Vorzeichen al nicht wohl etwas anderes bedeuten, als: die so bezeichneten Lesarten sind Lesarten anderer Codices oder Conjecturen Anderer. Wie konnte also Coluccio *spero eos* als Lesart Anderer beifügen, wenn er selbst schon im Text dieselbe Lesart hergestellt hatte?

2) Wenn eine mit al bezeichnete Lesart und eine ohne Vorzeichen zu derselben Stelle gehören und beide entweder über der Linie oder am Rande stehen, so ist die ohne Vorzeichen entweder nachgesetzt oder übergeschrieben. Es würde aber umgekehrt sein, wenn sie eher eingetragen wäre. Auch ist dann die erste Lesart zuweilen gestrichen, z. B.

VIII, 12, 2 hat m. 1 *spere*, m. 2 hat beigefügt *al. sperate al. sprete*, dann dies beides durchstrichen und das richtige *per L.* gesetzt;

III, 9, 1 hat m. 1 *lectores*, m. 2 hat beigeschrieben *al. letiores*, dann dies durchstrichen und richtig *lictores* geschrieben.

Woher sind denn aber diese Lesarten gekommen? Ihre Zahl ist verhältnifsmäfsig klein, noch nicht ganz 40, und nach dem achten Buche hören sie ganz auf; es wird also die Handschrift, der sie entnommen sind, unvollständig gewesen sein und selbst in dem, was sie enthielt, lückenhaft. Ferner: Coluccio besafs, wie wir aus seinem Brief an Pasquino (s. oben p. 5) wissen, ehe er seinen Codex erhielt, eine Anzahl Ciceronischer Briefe und aus andern Excerpte von Petrarcas Hand, beide aus der von Petrarca aufgefundenen Veronensischen Handschrift; dagegen konnten zu der Zeit, wo die in Rede stehenden Lesarten eingetragen wurden, nicht wohl andere Handschriften der Ciceronischen Briefe in Florenz sein, als solche, die aus Coluccios Handschrift abgeschrieben, ihm also unnütz waren. Hiernach ist es wahrscheinlich, dafs Coluccio, als er seinen fehlerhaften Codex erhielt, zuerst mit Conjectur, d. i. mit den mit c bezeichneten Lesarten, und mit den ihm zu Gebote stehenden Briefen und Excerpten, deren Varianten er mit al bezeichnete, dem verderbten Text aufzuhelfen suchte und dann erst, als er das Vergebliche seiner Anstrengungen erkannte, sich um ein anderes kritisches Hülfsmittel bemühte und so mit Benutzung des Archetypus die durchgreifende Recension zu Stande brachte, die wir in seinen mit keinem Zeichen versehenen Correcturen besitzen.

Bei den mit l bezeichneten Lesarten werde ich kürzer sein, einestheils weil sie an sich von keiner Bedeutung sind, anderntheils weil das, was ich über ihren Ursprung vorzubringen habe, kaum mehr als Vermuthung ist. Conjecturen von Coluccio sind diese Lesarten nicht, das haben wir gesehen; aus einem andern Codex aber, als aus dem Archetypus können sie nicht wohl genommen sein, sonst würde ihnen das Zeichen al, nicht l, vorgesetzt sein. Ich meine also, schon der Archetypus enthielt an manchen Stellen doppelte Lesarten, Petrarca wählte unter diesen und Coluccio fügte nachträglich die übergangenen hinzu, nicht weil diese besser wären, sondern der kritischen Genauigkeit wegen, wie er ja ad Q. fr. II, 15 B, 1, wo *bono viro. Attende* stand, erst *bono. Verum attende* corrigirt und dann die alte Lesart wieder an den Rand gesetzt hat, *ne varia lectio periret*.

Nachdem wir in dem Bisherigen ermittelt haben, in welche Bestandtheile die Mediceische Handschrift zerfällt, welchen Ursprung jeder derselben gehabt hat und wie sie sich zu einander verhalten, wird es nicht schwer sein, darüber ins Reine zu kommen, welches Gewicht einem jeden dieser Bestandtheile beizulegen ist, wenn es sich darum handelt, einen, so weit es von der Mediceischen Handschrift abhängt, sichern Text der Ciceronischen Briefe herzustellen.

Da es natürlich ist, dafs der, der ein Schriftstück abschreibt, sich leichter irrt als der, welcher nach demselben Original die Abschrift corrigirt, so läfst sich im Allgemeinen behaupten, dafs die Lesarten der m. 2, welche kein Vorzeichen haben, vor denen der m. 1 den Vorzug verdienen, dafs sie in den Text aufgenommen werden müssen, wenn sie in den Zusammenhang passen und mit dem, was wir sonst vom römischen Alterthum und von der römischen Sprache wissen, in Einklang zu bringen sind, und dafs sie, selbst wenn sie falsch sind, immer noch im Stande bleiben, eine anscheinend richtige Lesart der m. 1 der Interpolation verdächtig zu machen. Indessen folgender zwei Beschränkungen bedarf diese Regel doch:

1) Da bei unleserlichen Stellen des Originals der Corrector vor dem Abschreiber, vorausgesetzt dafs beide gleich geübt sind verwischte Schriftzüge zu lesen, keinen Vorzug in Anspruch nehmen kann, so müssen wir an den Stellen, wo beide abweichend Falsches geben, zuerst ermitteln, welche Schriftzüge des Archetypus solche Abweichungen veranlafst haben können und dann von diesen ausgehend durch Conjectur die Stelle zu heilen suchen.

2) Da mehrere Lesarten der m. 2 ohne Vorzeichen nach-

weisbar Interpolationen sind, Coluccio also auch in diesen seinen Varianten nicht immer der Conjectur sich enthält, so sind an den Stellen, wo m. 1 Falsches giebt, ohne dafs eine Gelegenheit zu einem Schreibfehler vorliegt, und m. 2 mit erheblicher Abweichung in den Schriftzügen dies lesbar macht, die Lesarten der m. 2 verdächtig und wir sind befugt zu dem Versuche, ob nicht mit näherem Anschlufs an die Schriftzüge der m. 1 eine andere Verbesserung sich gewinnen läfst, und diese würde den Vorzug verdienen, auch wenn sie sonst nur eben so befriedigte, als die von m. 2 gebotene.

Was nun ferner die Correcturen mit Vorzeichen betrifft, so sind die mit dem Zeichen c leicht abzufertigen; sie sind Conjecturen von Coluccio und haben als solche gar keine Autorität. Nicht viel besser steht es mit den Correcturen, denen das Zeichen al vorgesetzt ist. Allerdings sind sie eine selbstständige Ueberlieferung aus dem Archetypus und haben insofern so viel Autorität als die Lesarten von m. 1 und die von m. 2 ohne Vorzeichen; aber diese Autorität kommt nur dann zur Geltung, wo m. 1 und m. 2 von einander abweichen und mit dem Zeichen al entweder eine dritte abweichende Lesart oder eine einer der beiden andern gleiche gegeben wird, in welchen Fällen die Anwendung der Lesarten mit al leicht ist; wo dagegen m. 1 und m. 2 nicht von einander abweichen, gilt natürlich der Grundsatz, zwei Zeugen verdienen mehr Glauben als einer. Es bleiben noch die mit l bezeichneten Lesarten. Diese würden uns grofse Schwierigkeiten machen, wenn sie zahlreicher und bedeutender wären, denn in der Theorie ist kaum mit ihnen fertig zu werden; da sie aber in der Praxis so gar keine Bedeutung haben, so können sie füglich auf sich beruhen bleiben. Uebrigens brauche ich wohl nicht ausdrücklich zu bemerken, dafs auch die vorher aufgestellten Regeln nur für solche Fälle Regeln sein sollen, wo ein zureichender Grund von ihnen abzuweichen nicht vorliegt; denn dafs ich glauben könnte, zwei Zeugen träfen die Wahrheit immer besser als einer und ein Abschreiber sähe niemals richtiger als ein Corrector, das wird mir wohl niemand zutrauen.

III. Ueber die Handschrift Cratanders und den Turnesianus Lambins.

Neben dem Mediceus haben von jeher als Haupthülfsmittel für die Kritik der Briefe an Atticus die Lesarten gegolten, die in der Cratandrischen Ausgabe Basel 1528 sich finden, namentlich die, welche in dieser Ausgabe am Rande verzeichnet sind, und noch höher ist der verloren gegangene Turnesianus geschätzt worden, den Lambin, Turnebus und Bosius benutzt haben. Ich werde in dem Folgenden nach Orellis Vorgang Cratanders Lesarten im Text mit C, seine Randnoten mit c und den Turnesianus mit z bezeichnen.

Ueber seine Lesarten berichtet Cratander in seiner Ausgabe von Ciceros Werken, vol. I, p. 4: *imprimis usus sum codicibus haud mediocriter vetustis, ... inter quos non paucos neque paenitendos nobis communicavit Io. Sichardus, veterum monimentorum conservator diligentissimus. Unde factum est, ut coeptum negotium principio difficillimum paullo minori negotio confecerim, quod libenter et ingenue et fatemur et cognoscimus amicisque acceptum ferimus; multas enim inde mendas sustulimus, quae priores editiones occuparant, atque id ante omnia in epistolis ad Atticum*, und auch Victorius erkennt an vielen Stellen an, dafs Cratanders Lesarten aus einem alten Codex entnommen sind und grofse Beachtung verdienen; z. B. zu IX, 5, 3 *ex antiquiore nostro exemplari nostram lectionem eruimus, quam Germani quoque, ex prisco, ut puto, et illi exemplari adnotarunt*, XIII, 22, 3 *non omittendum est, etsi parva res est, quod in antiquiore nostro, ubi in excusis satisfaciendum fuisse legitur, sat faciendum est; nam id etiam in margine sui codicis Germani adnota-*

runt, ut qui in vetusto illo, quod habuerunt, exemplari legerint,
XIV, 16, 2 *violare;* haec est recepta lectio, quam vetere meliorem iudicavimus. Illa autem *laudare* habet, quod etiam Germani reperisse in antiquo codice videntur; adnotant enim eam in
sui libri margine. Vitiosos igitur hac parte omnes antiquos puto.
Vom Turnesianus sagt Lambin an vielen Stellen, er wäre
älter und vorzüglicher als der Mediceus, z. B. zu XVI, 6, 2 *etiam
hic locus ope codicis Turnesiani praeclare restitutus est.. Omnino
hic codex et antiquissimus et longe optimus est eiusque fide et veritate freti locos complures in his epistolis restituimus.* Quem cum
*Adriano Turnebo ostendissem et commodato dedissem, is libros Adversariorum componens et concinnans saepe hoc libro inspecto et
consulto in easdem atque ego coniecturas incidit;* zu XIV, 21, 1
*et quidem, portenti simile, sine tuis litteris. Sic habet plane
scriptum codex Turnesianus, quod eo adscripsi, ut etiam ex hoc
loco huius codicis bonitas appareat, cum significare videatur Petrus Victorius, hunc locum in suis codicibus non esse integrum,
utpote qui eius emendationem Germanis tribuat neque de suis codicibus ullum verbum faciat;* und zu XIII, 47, 1 *Sic habet codex
Turnes. et Huraltinus et unus ex Memmianis. Sic et Germani
in suis habuerunt. Quo fit, ut et mirer Petr. Victorium negare,
se haec, quae desiderantur in vulgatis, non reperisse in suis et
eius codicibus nostros longe anteponam, maxime Turnesianum.*

Solchen Zeugnissen gegenüber scheint jede weitere Untersuchung überflüssig zu sein. Indessen Lambin und der Herausgeber der Cratandrischen Ausgabe können sich über das Alter
ihrer Handschriften geirrt haben; sie können, um ihre Ausgaben
zu empfehlen, die Vorzüge ihres critischen Apparats übertrieben
haben; es können auch die Handschriften alt, die vom Mediceus
abweichenden Lesarten aber, deretwegen allein wir jene beachtenswerth finden, neuere Zusätze gewesen sein; wir haben also die
Lesarten selbst zu prüfen, ob sie dem Rufe, der ihnen vorangeht,
entsprechen, ob in ihnen wirklich eine alte Ueberlieferung uns
vorliegt, oder ob wir es hier doch nur mit Interpolationen zu
thun haben.

Was zuerst den Turnesianus betrifft, so kann allerdings
nicht geläugnet werden, dafs viele der in ihm allein enthaltenen
Lesarten recht wohl glückliche Conjecturen sein könnten; z. B.

II, 7, 3 *Pisaurensi an epuloni* z, *pisaurensia neptiloni* M,
II, 8, 2 *delicatum* z, *delegatum* M m. 1, *deligatum* M m. 2,
II, 12, 1 *plebeium* z, tr. *plebium* M,
III, 16 *quod cum laetae sunt* z, *quae cum lectae sunt* M,

III, 17, 3   *cave vereri* z, *cave* M,
VI, 3, 6   *praefecti* z, *profecto* M,
VII, 3, 6   *ei vici Lucceii* z, *Euuci Lucceio* M,
VII, 13 A, 1 *res testis* z, *res stet* M,
X, 15, 4   *sed dii istos!* z, *sedductos* M,
XII, 41, 3   *tertium* z, *Terentium* M,
XII, 28, 2   *lugere* z, *legere* M m. 1, *regere* M m. 2,
XIII, 21, 5 *homo a meis* z, *humanus* M,
XIII, 37, 4 *diem differri* z, *in diem diem differri* M,
XV, 26, 4   *paucos specus* z, *paucas spe* M m. 1, *pauca spe* M m. 2,
XVI, 2, 4   *furcilla* z, *furo illa* M,
XVI, 15, 5 *ut fide sua* z, *ut inde suo* M.

Indessen Lesarten, die wahrscheinlich Interpolationen sind, finden sich in z nur wenige, z. B.

XIII, 6, 2   wo M *quod reliquos coheredes convenisti, plane bene* hat und z *fecisti* anfügt,
XIII, 10, 3 wo M *Brutus si quid, curabis ut sciam* liest und z *egerit* nach *si quid* einschiebt,
IV, 1, 4   wo z das sehr entbehrliche *cum Brundisii essem* anfügt,
VII, 18, 3   wo er dasselbe mit *scio* thut,
X, 16, 4   wo das von ihm zugefügte *convenire* offenbar überflüssig ist,

und solche Lesarten, die nothwendig Interpolationen sein müfsten, finden sich gar nicht, mit Ausnahme einer einzigen, die kaum als Lesart angesehen werden kann. Es hat nämlich XVI, 11, 3 der Mediceus *O Tite tibi prodesse laetor*, ohne Zweifel richtig, denn Cicero meint seinen Cato maior und bezeichnet ihn mit den Anfangsworten; dennoch fügt der Turnesianus vorn *Librum meum illum* hinzu.

Dagegen giebt der Turnesianus viele Lesarten, die an sich unverständlich sind, die aber näher an die wahre Lesart heranführen, als die des Mediceus an diesen Stellen; z. B.

II, 5, 2   *videte civitatem* M, *videre vitam* z, *vide levitatem* richtig Muret,
IV, 8 A, 2 *misit libros* M, *sit tibae libros* z, *sittybae libros* richtig Lambin,
VI, 1, 13   *Rhosi causam* M, *Rhosica vasa* z, *Rhosiaca vasa* richtig Lambin,
IX, 10, 3   *sive periculo* M, *sive periculose* z, *si vel periculose* richtig Lambin,

X, 10, 5 *vellunt ridiculos maius noverat* M m. 1, *vellunt ridiculo si navis non erit* M m. 2, *vel lutridiculo si navis non erit* z, *vel lintriculo* richtig Lambin.

V, 14, 1 *utrumque est dabo* M m. 1, *utrumque dabo* M m. 2, *utrumque stabo* z, *utrumque praestabo* richtig.

Ferner weicht der Turnesianus manchmal vom Mediceus ab, wo dieser das Richtige hat und wo weder eine Veranlassung zur Aenderung ersichtlich ist, noch mit Grund angenommen werden kann, dafs ein Schreibfehler vorliege, z. B.

IV, 1, 1 *te vere scribam* M m. 1, *ut vere scribam* richtig M m. 2, *ut bene scribam* z,

V, 21, 5 *certa* M, *recta* z,

VII, 7, 5 *sensurus* M, *facturus* z,

IX, 7, 1 *celeripes* M, *celeriter pes* z.

Endlich finden wir unter den Ergänzungen, die der Turnesianus giebt, die übrigens, so viel wir wissen, nicht sehr zahlreich sind, einige, wo wenig oder keine Veranlassung zu Interpolationen vorhanden war, wie

XIII, 3, 1 wo die Lesart von M *Ego vero ista nomina sic probo, ut nihil aliud me moveat, nisi quod tu videris dubitare; illud enim non accipio in bonam partem. Ad me refers. Quid? ipse negotium meum gererem nisi consilio tuo?* recht wohl verständlich ist, z aber dennoch *quod* vor *ad me* einschiebt und dann so liest: *qui si ipse negotium meum gererem, nihil gererem nisi consilio tuo.*

und eine, die weder als Interpolation noch als Schreibfehler erklärt werden kann; ich meine

XV, 3, 1 wo M *accepi duas epistolas* hat und z *nati* nach *accepi* einschiebt, wo also wohl Bosius mit seiner Correctur *in Atinati* das Richtige getroffen hat.

Nach dem Allen ist das wohl aufser Zweifel, dafs der Turnesianus aus dem Mediceus nicht abgeschrieben ist, und auch das läfst sich behaupten, dafs Lambin an ihm nicht nur eine selbstständige, sondern auch eine solche Ueberlieferung gehabt hat, die an vielen Stellen reiner ist als die im Mediceus enthaltene. Ob aber der Turnesianus im Ganzen weniger verderbt gewesen ist als der Mediceus, läfst sich gar nicht mehr ermitteln, weil wir überhaupt nur weniges aus ihm kennen, weil ferner das von Bosius allein aus ihm Angeführte nicht zuverlässig genug ist, um darauf Schlüsse zu bauen, weil endlich selbst Lambin in seinen Anführungen aus dem Turnesianus häufig die erforderliche Genauigkeit vermissen läfst, was Detlefsen in einer Abhandlung in den Jahnschen Jahrbüchern zur Genüge gezeigt hat.

Bei dem Cratandrischen Codex, zu welchem wir nun kommen, befinden wir uns in derselben übeln Lage, wie bei dem Turnesianus; auch dieser Codex ist nicht mehr vorhanden und die uns überlieferten Lesarten, die aus ihm entnommen sein können, sind verhältnifsmäfsig wenig zahlreich. Es kommt aber hier noch eine neue und viel bedeutendere Schwierigkeit hinzu, die ganz befriedigend zu lösen bei dem jetzigen Stande des kritischen Apparats unmöglich ist. Wir wissen nämlich nicht, welche von den in der Cratandrischen Ausgabe enthaltenen Lesarten aus dem in Rede stehenden Codex und welche anderswoher genommen sind. Cratander, denn mit dem Namen des Verlegers werde ich der Kürze wegen den Herausgeber bezeichnen, da Michael Bentinus, der den gröfsten Theil der Ausgabe besorgt hat, vor der Vollendung gestorben ist, und da es nicht bekannt ist, mir wenigstens nicht, wer den Rest hinzugefügt hat, Cratander also hat mehrere Codices und aufserdem die vorher erschienenen italienischen Ausgaben benutzt und ist dabei völlig unmethodisch zu Werke gegangen. Am Rande seiner Ausgabe stehen eine Menge Lesarten, die die Lesbarkeit des Textes in hohem Grade fördern würden*), die also einem Herausgeber, wie sie damals waren, höchst willkommen sein mufsten; warum hat diese Cratander an den Rand verwiesen, da doch selbst der vorsichtige Victorius kein Bedenken trug, einen grofsen Theil von ihnen in den Text aufzunehmen?**) Man könnte sagen, Cratander wäre vor Allem darauf bedacht gewesen, nach Deutschland, wo noch keine Aus-

---

*) Ich will nur einige wenige Beispiele anführen: VI, 6, 3 *fratri autem* M c, *praeterea autem* C, VII, 15, 2 *metuo ne obsit* M c, *metuit ne absit* C, IX, 7 B, 2 *quae etiam illis, si vellem, praestare possem* M c, *quae etiam illis praestare vellem, si possem* C, IX, 12, 1 *ratibus* M c, *rationibus* C, XI, 14, 2 *genero* M c, *genere* C, XI, 17, 3 *de HS X ut scribis faciam* M c, *de his rebus, quas mihi notas esse voluisti, ut scribis, faciam* C, XII, 10 *collis* M c, *tollis* C, XII, 14, 3 *vultum* M c, *vulnus* C, XII, 31, 2 *accessi numquam* M c, *tantum accessi propius numquam* C, XIII, 20, 4 *nihil melius. Curandum enim non est* M c, *nihil enim melius curandum est* C.

**) Auch Victorius war das befremdlich. Er schreibt zu ad Att. XIII, 19, 5: *Ut hic iam foede depravatus erat locus, ita nunc planus et integer legitur. Ea sunt in nostro antiquiore sincerae lectionis vestigia, ut parum omnino desideretur nec ullus mediocri ingenio praeditus illis ducibus non ad veram lectionem perveniret. Viderunt hoc etiam Germani; in margine enim sui codicis hanc quoque collocarunt. Sed cur non vulgata lectione explosa et eiecta hanc in suam sedem reposuerunt? quis illi tam vitiosae et foedae hac reperta locus esse potest?*

gabe der Ciceronischen Briefe erschienen war, die italienische Vulgate zu verpflanzen; er hätte also wohl kleine Aenderungen sich erlauben können, eine durchgreifende Recension aber, wie sie sein alter Codex erfordert haben würde, vorzunehmen nicht gewagt, um nicht dadurch dem Absatze seines Buchs zu schaden. Wäre dies wahr, so hätten wir etwas gewonnen. Wir dürften freilich nicht annehmen, dafs alle Lesarten im Cratandrischen Text, zu welchen am Rande keine Varianten notirt wären, im Codex sich so gefunden hätten, denn eine vollständige Variantensammlung lieferte damals niemand*); wir wüfsten aber dann, dafs alle Randnoten aus jenem Codex gekommen wären, und dies wäre verhältnifsmäfsig viel. Es ist das aber nur im Grofsen und Ganzen wahr; sehen wir genauer zu, so finden wir Cratanders Verfahren so inconsequent, dafs es uns gar nichts hilft, das Princip erkannt zu haben, dem er folgen wollte. Allerdings schliefst sich Cratander meistens der in Paris 1522 erschienenen Ascensiana secunda an und diese wieder beruht schliefslich auf den Editiones principes der Briefe an Atticus, der Romana von 1470 und der Jensoniana von demselben Jahre, die wir mit R und I bezeichnen werden; es hat also auch Cratander offenbare Interpolationen aus beiden; z. B. aus R

II, 5, 1   *Quid Cato ille noster,* wo M cett. *quid* weglassen,
VIII, 11, 7 *simulatque* statt *simul,*
IV, 5, 2   *nugigeram manum,* wo M und I *num geram manum* haben,
XIII, 29, 3 hat M und I *si rare,* c *spirare,* RAC *desiderare,* Victorius das Richtige *sperare,*
V, 14, 1   hat M *adierabantur,* z *adgerebantur,* Victorius richtig *afferebantur;* R und C *annuntiabantur.*

aus I:

I, 14, 3   *totum hunc locum, quem ego varie meis orationibus .... pingere soleo.* Hier schiebt C nach I und A *in aristocratia* nach *ego* ein.
III, 15, 1 *obiurgas et rogas* statt *obiurgas,*

---

*) Dafs Cratander nicht überall, wo seine Codices von seinem Text abwichen, dies bemerkt hat, zeigen unter vielen andern Stellen folgende: VII, 3, 1 hat C mit der editio princeps Jensoniana *expressum et expetitum,* wo alle bekannten Handschriften blofs *expetitum* haben, IX, 7, 1 hat er mit der Ascensiana *quo starem instillarunt,* wo ebenfalls alle Handschriften abweichen, XIII, 13, 2 schiebt er mit der Jensoniana gegen alle Handschriften *placere* ein. Dennoch hat er an diesen Stellen am Rande keine Variante.

IV, 16, 10 *digerat multa cruda facilius*, welcher Zusatz unsinnig ist und überall sonst fehlt,
V, 16, 1 *omnes possessiones omnium* statt ὠνὰς *omnium*,
VII, 3, 1 *expressum et expetitum* statt *expetitum*.

Aber Cratander weicht auch von der Vulgate ab, und wenn auch viele seiner Abweichungen eigene Conjecturen sein können, wie die von Bücheler weiter unten angeführten Supplemente und
XII, 21, 1, wo er *magni* vor *aestimo* einschiebt,
und einige unzweifelhaft es sind, wie
X, 1, 1,' wo er in dem überlieferten *accepi litteras et paullum respiravi* vor dem letzten Worte *lectis* einschiebt,
II, 7, 3, wo M *ieiunata bella relegatio*, c richtig *ieiuna tabellarii legatio* hat und C dennoch *ieiuna ac bella relegatio* giebt,
II, 7, 3, wo M *illa optima* (legatio) *ad exigendas pecunias Druso, ut opinor, pisaurensia neptiloni Vatinio reservatur*, z richtig *Pisaurensi an epuloni* hat und C *Pisaurensis nebuloni* giebt,
XVI, 3, 6, wo M vollkommen genügend und vollkommen verständlich *Atticam nostram cupio suaviari* hat und C ohne alle Noth *absentem* vor *cupio* einfügt,
XIII, 27, 1, wo C für *epistolam* das leichter zu construirende *de epistola* schreibt,
so finden sich doch auch Lesarten in Cratanders Text, die sicher nicht aus Conjectur entstanden sind; z. B.
XIII, 52, 1 wo C *vultum* hinzufügt, was auch z hat,
XVI, 16, 1 wo C *misi* hinzufügt, was auch M m. 1 hatte, was dann aber im M ausgestrichen ist.

Man könnte hierher auch rechnen
XII, 12, 1 *Insula Arpinas habere potest germanam* ἀποθέωσιν; [*sed vereor ne minorem* τιμὴν] *habere videatur* ἔκτροπος. *Est igitur animus in hortis* cet., an welcher Stelle das Eingeklammerte von C zugefügt ist und auch in zwei Codices Malaspinas sich findet. Vgl. Malaspina zu dieser Stelle: *Haec cum Latina sint et ad sensum non modo accommodata sed etiam necessaria, vehementer auctor sum ut restituantur, eoque magis, quod ea Germani pro germanis, non ex ingenio, sed ipsi veteres libros secuti reposuisse videntur.* Anders urtheilt aber Victorius, dessen Anmerkung ich

p. 34 angeführt habe, und auch ich glaube, dafs hier eine Interpolation vorliegt. Es ist allerdings das, was Cicero sagen will, richtig getroffen. Cicero wollte nämlich seiner verstorbenen Tochter ein Denkmal errichten; dazu schien ihm eine Insel in seinem arpinatischen Landgute im Uebrigen wohl geeignet, nur dafs sie zu entlegen war; deshalb wollte er einen Garten in Rom für diesen Zweck kaufen. Indessen Anstofs erregt das Wort ἔκτροπος, das man übersetzen müfste *quia devia est*. Ich glaube, ein übergeschriebenes *habere*, das dann in den Text gekommen ist, hat die Interpolation veranlafst und es ist so zu lesen: *Insula Arpinas habere potest germanam* ἀποθέωσιν; *sed videatur* ἐκτόπιος, für welches Wort M ἐκτόνιμος hat, z ἐκτόπιμος, und c ἐκγόνιμος.

Nicht viel anders scheint es sich mit dem Supplement in IX, 15 A zu verhalten. Hier hat M *nuntiatum est nobis Caesarem a. d. VIII K. [Capuae, a. d. VI] Sinuessae*, das Eingeklammerte von m. 2. Wahrscheinlich mifsfiel Cratander oder seinem Gewährsmann in dieser Lesart die Weglassung des Verbums und dann das Datum für Caesars Aufenthalt in Capua, denn in zwei vorher geschriebenen Briefen wird gesagt, Cäsar würde VII Kal. in Capua sein. Er ändert also: *Caesarem a. d. VIII Kal. April. Beneventi mansurum, a. d. VII Capuae, a. d. VI Sinuessae*. Indessen die Aenderung ist unnöthig, da das Verbum so in den Briefen oft weggelassen wird und da die frühere Nachricht von Cäsars Ankunft ungenau gewesen sein kann; und es ist auch unwahrscheinlich, dafs der Monatsname, der meistens ganz weggelassen wird, hier, wo ein Mifsverständnifs gar nicht möglich ist, zweimal steht. Es ist also wohl besser, bei der Lesart von M zu bleiben.

Unter solchen Umständen bleibt uns nichts übrig, als Cratanders Text so gut als Preis zu geben. An den Stellen, wo er mit R oder I übereinstimmt, und das sind bei weitem die meisten, entbehrt er natürlich jeder Auctorität. Von den Lesarten, die ihm eigenthümlich angehören, stammen einige aus einer echten Ueberlieferung, weit mehrere sind Conjecturen, und das Kriterium dafür, ob eine Lesart dies oder jenes ist, liegt lediglich in der Beschaffenheit der Lesart selbst. Ist eine Stelle in unserer sonstigen Ueberlieferung unläugbar verderbt, erweist sich die Cratandrische Lesart für diese Stelle als in jeder Beziehung befriedigend, und läfst sich überzeugend darthun, dafs diese Lesart eine Interpolation nicht sein kann, so würde ich nicht anstehen, sie für Ciceronisch zu halten; fehlt aber auch nur eins dieser drei Stücke, so ist jede Cratandrische Lesart, selbst die verlockendste, nach meiner Meinung als Conjectur anzusehen und demgemäfs zu behandeln*).

Dies gilt für den Cratandrischen Text; mit seinen Lesarten am Rande ist es eine andere Sache.

Bücheler im Rheinischen Museum, neue Folge elfter Jahrgang p. 525, sagt über Cratander Folgendes: „Eine zweite Reihe von Interpolationen rührt von Cratander her, welcher an vielen Stellen neue Lesarten theils geradezu in den Text aufnahm, theils am Rande vermerkte. Noch Orelli praef. p. LIX legt diesen Varianten grofsen Werth bei, aber bei sorgfältiger Untersuchung jener Stellen wird man finden, dafs diese Lesarten sämmtlich nur Vermuthungen entweder aus den interpolirten Handschriften oder des Herausgebers selbst sind, welche öfters Richtiges oder dem Richtigen Nahekommendes bieten, nicht selten aber auch den Text verfälscht haben. Niemand wird in den Worten ad Att. XIII, 45, 3 *equidem si ex omnibus esset eligendum, nec diligentiorem nec officiosiorem facile delegissem Vestorio* irgend etwas vermissen; Cratander, welcher die Phrase *studiosus alicuius* hier recht anbringen zu können meinte, interpolirte *nec officiosiorem nec mehercule nostri studiosiorem facile* und Bosius versicherte *nec officiosiorem nec nostri studiosiorem facile* in seinen drei Handschriften vorgefunden zu haben. Daher lesen wir bis auf diesen Tag diese müfsigen Worte in unsern Ausgaben. — Als Cicero mit dem Plane umging seiner Tullia ein prachtvolles Denkmal zu errichten, drang er zu wiederholten Malen in Atticus, dafs er einen dazu geeigneten Garten (horti) für ihn um jeden Preis ankaufen möchte. So schliefst der Brief ad Att. XII, 22, 3 folgendermafsen: *habe tuum negotium nec quid res mea familiaris postulet, quam ego non curo, sed quid velim existima.* Diese so klaren, so verständlichen Worte drücken das, was Cicero bezeich-

---

*) Nicht viel anders urtheilt über Cratanders Ausgabe Victorius zu ad Att. XII, 12, 1: *Germani his verbis suppleverunt: Sed vereor, ne minorem τιμὴν habere videatur. Quos plane non reprehendimus; quia tamen in nullis manuscriptis ea invenimus, in nostrum codicem traducere ausi non sumus. Miscuerunt enim illi multa, quae a recentioribus acceperunt interpretibus et castigatoribus, cum eis, quae ex antiquo et probo exemplari eruerunt nulla distinctione facta, ut periculum sit, ne quorundam commenta et coniecturas saepe pro sinceris et veris emendationibus capias.*

nen wollte, vollständig aus; Cratander aber hat allem Anschein nach dies nicht bedünken wollen, da er nach *quid velim* noch *et cur velim* einschaltete. Und da Bosius dieser Zusatz wohl gefiel, so edirte er ebenfalls so, natürlich 'Scidis, Tornesiano et Crusellino auctoribus.'

So weit Bücheler. Ich glaube, der sonst so umsichtige Kritiker hat in diesem Falle zu rasch geurtheilt, wenigstens ist er den Beweis schuldig geblieben. Die beiden Stellen, die er anführt, sind dem Cratandrischen Texte entnommen; die Lesarten im Texte aber und die am Rande sind keineswegs so gleichartig, dafs es erlaubt wäre, von jenen auf diese zu schliefsen oder umgekehrt. Und selbst wenn es erlaubt wäre, würden die beiden Lesarten das Behauptete nicht beweisen. Dafs sie Interpolationen sein können, gebe ich gern zu, ja selbst dafs sie es wahrscheinlich sind; dafs sie es aber sein müssen, folgt nicht aus ihrer Entbehrlichkeit und daraus, dafs dergleichen Wendungen auch in andern Briefen Ciceros vorkommen, wenn anders die Lesarten auch an den in Rede stehenden Stellen nicht störend sind und wenn nicht die Glaubwürdigkeit dessen, der sie uns überliefert hat, schon angefochten ist, sondern erst angefochten werden soll. Aber auch das wollen wir zugeben; folgt denn daraus, dafs unter einer grofsen Menge von Lesarten zwei notorisch Interpolationen sind, dafs sie es alle sind? Wenn dies der Fall wäre, müfste ich die der m. 2 des Mediceus eben mühsam erstrittene Auctorität sofort wieder vernichten, und Codices, die sie dann noch behielten, möchten wohl kaum zu finden sein, auch wenn man sie mit Gold aufwiegen wollte.

Etwas genauer müssen wir also die Sache wohl ansehen, wäre es auch nur, um zu finden, dafs hier etwas ganz Sicheres nicht ermittelt werden kann.

Wir beginnen mit einer Vergleichung der Cratandrischen Randnoten mit den aus M und z überlieferten Lesarten. Am Rande der Cratandrischen Ausgabe finden sich, wenn ich recht gezählt habe, 660 Lesarten; von diesen stimmen 352 überein mit M, 22 mit M manus 1, 13 mit M manus 2, 12 mit z, 3 mit z und M; es weichen von M und z ab 258. Das ist ein für die Geltung der Cratandrischen Randnoten günstiges Resultat; denn, wenn fast zwei Drittel von ihnen aus einer anerkannt echten Ueberlieferung stammen, so ist es nicht wahrscheinlich, dafs das übrige Drittel lediglich auf Erfindung beruht.

Es wird aher dieses eben gewonnene günstige Vorurtheil sofort wieder erschüttert durch einen sehr bösen Uebelstand.

Wären alle Randnoten einem einzigen Codex entnommen, so würde unsere günstige Meinung ihre Berechtigung behalten; denn dieser Codex könnte, da er Lesarten aus M und aus z enthält, weder aus dieser noch aus jener Handschrift geflossen sein und es würde dann wahrscheinlich sein, dafs er auch andere Lesarten enthalten hat, als in diesen beiden sich finden. So ist es aber nicht. Es ergiebt sich nämlich theils aus der oben p. 26 angeführten Stelle aus Cratanders Vorrede, theils aus der Fassung einiger seiner Randnoten*), dafs die Randnoten aus mehreren Codices genommen sind. Dies aber scheint zu der Behauptung zu berechtigen, dafs die mit M oder z übereinstimmenden Randnoten mittelbar oder unmittelbar aus diesen Handschriften genommen seien, dafs sie also nicht geeignet seien, irgendwie eine Stütze für die übrigen abzugeben oder, was dasselbe ist, in uns die Meinung zu erwecken, dafs Cratander eine selbstständige Ueberlieferung zu Gebote gestanden habe. Wir wären also in die ungünstige Position gedrängt, lediglich aus der Beschaffenheit der Lesarten selbst beweisen zu müssen, dafs sie Interpolationen nicht sein können, ein Beweis, der nur in seltnen Fällen gelingt, da die Leistungsfähigkeit einerseits des Verlesens und Verschreibens, anderseits des Genies der Interpolatoren unberechenbar grofs ist, und der, selbst wenn er gelingt, da immer die Möglichkeit bleibt, dafs einzelne Ueberreste einer alten Ueberlieferung sich erhalten haben, das nicht zu leisten im Stande ist, was wir hier verlangen, nämlich eine Deckung der sehr zahlreichen Lesarten, die, in allem Uebrigen sehr befriedigend, den einen Mangel haben, dafs man von ihnen nicht nachweisen kann, dafs sie Interpolationen durchaus nicht sein können.

Indessen es giebt noch Mittel, diese mifsliche Position zu vermeiden.

Zuvörderst kann nicht zugegeben werden, dafs Cratander für seinen Text oder für seine Randnoten z mittelbar oder unmittelbar benutzt hat. Allerdings besteht zwischen c und z eine nicht zu verkennende Verwandtschaft. Das beweisen folgende Stellen:

VII, 18, 3 ist von c und z *scio* eingeschoben, um eine Ellipse zu vermeiden. Derartige Ellipsen sind aber häufig und *scio* würde zu matt sein.

---

*) VIII, 16, 2 giebt c im Text *domitum*, am Rande steht *donum aut certedomum, utrumque enim habent antiqui codices*; XVI, 3, 6 steht am Rande *tributis, alii tribus*; endlich II, 15, 2 *Codex antiquus habebat siveru et get. remp.*

XVI, 2, 3   hat c und z *plaudendo*, M weniger gut, aber doch erträglich *laudando*.
V, 21, 5   hat M offenbar richtig *certa*, c und z, vielleicht weil das Wort *certus* an der Stelle öfter vorkömmt, *recta*.
XIV, 21, 1   hat c und z allein richtig *portenti simile, sine tuis litteris*, M *portenti similes in tuis litteris*.
VI, 1, 1   hat c und z allein richtig *Terminalia*, M offenbar falsch *ter milia*.
VII, 7, 5   hat M richtig *sensurus*, c und z allein ohne alle Veranlassung *facturus*.
XI, 10, 2   hat c und z allein richtig *Italia*, M *alia*.
IV, 3, 5   hat c und z *si se uti turbae iam obtulerit*, M *si sentitur veiam obtulerit*, die übrigen diesem ähnlich.
X, 16, 4   ist den Worten *me velle postridie* unnütz von c und z angefügt *convenire*.
XII, 28, 2   hat c und z richtig *lugere*, M m. 1 *legere*, m. 2 *regere*.
II, 19, 2   hat M m. 1 *dere que*, m. 2 *denique*, z *peraqui*, c richtig *peraeque*.
II, 25, 1   ist von c und z richtig zugefügt *non quo faceret*.
XIII, 47, 1   *posteaquam abs te, Agamemno, non ut venirem.....sed ut scriberem, tetigit [aures nuntius, extemplo instituta] omisi.* In dieser Stelle sind die eingeklammerten Worte ein Supplement aus c und z.

Aufserdem darf nicht vergessen werden, dafs die Uebereinstimmung zwischen z und c viel gröfser gewesen ist, als sie jetzt erscheint; denn Lambin führt gewöhnlich nur dann Lesarten aus z an, wenn sie von Victorius Text abweichen, Victorius hat aber die wichtigsten Varianten von c, namentlich die bedeutenden Supplemente, in seinen Text aufgenommen, und zwar nicht immer mit Angabe seiner Quelle*). Gleichwohl ist es unzweifel-

---

*) V, 9, 1 hat M *epulati essemus alia. rem in modum*, c richtig *epulati essemus Saliarem in modum*. Victorius bemerkt dazu: *Noster antiquior essemus alia. Rem in modum. Nos coniecimus importune dissectam esse dictionem hanc, simulque ultimam antecedentis vocis litteram bis scribi debuisse, ut Saliarem in modum tandem conficiatur.* XIII, 8 hat M *eas ciculum duestorium*, c richtig *fasciculum ad Vestorium*. Victorius: *Ea est vetustioris nostri exemplaris scriptura, ut qui observasset, quam saepe in eo E pro F positum sit, turpissime depravatum locum facile corrigere potuerit; ciculum enim, non titulum in eodem legitur, ut quin fasciculum legendum sit dubium esse non possit. Cetera autem recta sunt et integra in antiquis libris, ut nos scripsimus.* VII, 9, 4 *praeteriit tempus, non legis*

haft, daſs c nicht aus z oder aus einer Abschrift dieses Codex geflossen sein kann. Aber es wird uns sehr schwer gemacht den Beweis zu führen. Könnte c für eine, ich will nicht sagen, vollständige, aber doch einigermaſsen planmäſsig angelegte Variantensammlung aus einem Codex gelten, so wäre der Beweis da, so vollständig wir ihn nur wünschen könnten. Wir würden sagen: in c finden sich viele sehr gute Lesarten von z nicht und gerade die nicht, deretwegen dieser Codex besonders geschätzt wird; also ist c weder aus diesem Codex selbst entnommen, noch aus einer Abschrift von ihm. Wären ferner die Lesarten aus z von Lambin nicht so sparsam angeführt und nicht gerade an den Stellen, die nach c emendirt sind, fast immer weggelassen worden, so würden sich ohne Zweifel sehr viele Anhaltspunkte finden, die Frage nach der einen oder der andern Seite hin überzeugend zu entscheiden. So aber, wie die Sache nun einmal liegt, wird uns das Feld, das für derartige Untersuchungen das fruchtbarste zu sein pflegt, beinahe unfruchtbar gemacht. Indessen ein paar Halme sprieſsen auch auf dem dürrsten Boden hervor. Es ist wahr, Cratander hat flüchtig gearbeitet, so flüchtig, daſs man ihm wohl zutrauen kann, daſs er eine lesbare, wenn auch, genau betrachtet, verkehrte Interpolation einer guten, aber etwas schwer verständlichen Lesart vorzieht und diese letztere ganz unerwähnt läſst, obwohl er sonst viel unbedeutendere Varianten anzuführen nicht unterläſst. Daſs er aber Worte, denen er selbst keinen Sinn abgewinnen konnte, hätte abdrucken lassen, wenn ihm die richtige und vollkommen verständliche Lesart fertig vorlag, und daſs er es nicht einmal der Mühe für werth gehalten hätte, eine solche Verbesserung anzumerken, er, der, wenn es gilt den Text lesbar zu machen, gar nicht so scrupulös sich zeigt, ein solches Ueberinaſs von Verkehrtheit und Nachlässigkeit können wir doch nicht ihm Schuld geben; wenigstens würde die Behauptung des Gegentheils weit mehr die Wahrscheinlichkeit für sich haben. Wenn also Cratander schreibt VII, 13 A, 1 *quam autem sine consilio res stet* statt *res testis*, X, 15, 4 *seductos* statt *Sed dii istos*, II, 8, 2 *cratera illum delegatum* statt *delicatum*, XIII, 21, 5 *ego autem tibi*

[*sed libidinis tuae; fac tamen, legis*]. Hier ist das Eingeklammerte ein Zusatz von c und fehlt in M, den Victorius gewöhnlich noster antiquior codex nennt; dennoch bemerkt er zu dieser Stelle: *Nos ope nostri vetustioris codicis (quod etiam a Germanis adnotatum est) integram hic lectionem restituimus, cum ante in vulgatis libris deminute perverseque hic locus legeretur.*

confirmo; possum falli ut humanus, eam non habere statt *ut homo a meis* und zu allen diesen Stellen keine Varianten beifügt, so muſs man annehmen, daſs er z nicht gekannt hat; denn in diesem Codex stehen jene Verbesserungen deutlich, X, 15, 4 so deutlich, daſs Lambin ausdrücklich bemerkt: *ego in codice Turnesiano sed dii istos litteris integris atque expressis reperi.* Hierzu kommt, daſs Lambin, wenn er die gute Lesart von c II, 7, 3 *haec ieiuna tabellarii legatio* in z auch gefunden hätte, sicherlich nicht die verkehrte Lesart *haec ieiuna ac bella relegatio* beibehalten hätte, zumal da er, wo es sich thun läſst, gern Victorius Opposition macht und ihm die Unzulänglichkeit seines Mediceus vorrückt*). Steht es aber fest, daſs Cratander z nicht gekannt hat, woher kommen in c die mit z übereinstimmenden Lesarten? Doch wohl nur aus einer alten Ueberlieferung, auf welche auch z zurückgeführt werden muſs und welche der Mediceus nicht sein kann. Cratander hat also für einen Theil seiner Randnoten eine alte, uns unbekannte Quelle gehabt, und es ist somit wahrscheinlich, daſs auch seine andern vom Mediceus abweichenden Lesarten, sofern sie nicht für Interpolationen oder Schreibfehler erklärt werden müssen, ebendieser Quelle entnommen sind.

Und noch von einer andern Seite läſst sich ein für die Cratandrischen Randnoten günstiges Vorurtheil gewinnen. An 363

---

*) Wie viel höher Lambin seinen Turnesianus schätzte, als den Mediceus des Victorius, habe ich schon durch Anführung einiger Stellen aus seinen Anmerkungen gezeigt; wie wenig er überhaupt Victorius geneigt war, kann man aus dem sehen, was er zu I, 18, 1 bemerkt: *Non possum hoc loco silentio praeterire P. Victorii querelam, qua usus est quodam loco Variarum lectionum, cap. opinor 3 lib. XXXVII, ubi significat se moleste ferre, Malaspinae coniecturas a nescio quibus nimium facile esse comprobatas ac receptas. Desinat queri aut mirari Victorius et gaudeat probari nonnullas suas, alias non reprehendi. Dormitavit enim aliquando ipse quoque Victorius in suis coniecturis, ut et alii non pauci viri docti. In scribendo vero, quod nollem, nimium saepe titubavit. Idem de Turnebo alibi ita scribit: Utinam autem hic vir sane doctus ac multae lectionis non tam cupidus undique fuisset omnia emendandi melius nobis; melius existimationi suae consuluisset. At quis mortalium plus temporis atque operae posuit in libris emendandis Petro Victorio? quis fuit umquam emendandi cupidior? Quam turpe est iis criminibus alterum condemnare, quae si tibi obiiciantur, ea dissolvere aut negare non possis? Utinam vero P. Victorius paullo scripsisset politius, elegantius, rotundius, planius, praesertim homo, qui totam fere aetatem in verborum studio contrivit. Nam qui homo humanus patienter legere potest eius in Demetrium seu Dionysium commentarios? (ut hos potissimum sumam) qui primum longitudine lectorem defatigant, deinde obscuritate excruciant, ita ut alio interprete opus sit, qui eos explicet.*

Stellen weichen sie von M ab; unter diesen vielen Stellen habe ich nur 13 gefunden, wo sie mit einem der uns bekannten neueren italienischen Codices oder den beiden Editiones principes übereinstimmen, und diese Stellen sind sämmtlich der Art, dafs man auch unabhängig von Cratander recht wohl auf seine Lesart kommen kann. Es sind folgende Stellen: übereinstimmend mit der Editio Jensoniana hat c II, 21, 4 *dilexi nimis*, M *dileximus*, III, 15, 4 *perferri*, M *proferri*, X, 8, 3 *venditemus*, M *vendicemus*, XII, 23, 3 *plus etiam quam satis*, M *plus etiam satis*, XIV, 6, 2 *quam*, M *cum*, übereinstimmend mit der Editio Romana XII, 37, 1 *accepi*, M *recepi*, XIII, 46, 3 *a Tito*, M *attico*, XIV, 18, 2 *Erotem*, M *errorem*, übereinstimmend mit beiden Editiones principes VII, 3, 3 *assentio*, M *assentior*, übereinstimmend mit dem Codex des Faernus IV, 11, 2 *eduxi*, M *duxi*, übereinstimmend mit dem Balliolensis des Grävius XIII, 8 *fasciculum*, M *eas ciculum*, X, 8, 8 *paream*, M *pareamus*, endlich übereinstimmend mit dem Oxforder Codex, den Orelli mit Q bezeichnet, III, 15, 5 *quid est firmius*, M *sic est firmius*. Wie nun? Warum hat denn Cratander die Interpolationen der Italiener nicht aufgenommen? Etwa weil sie schon bekannt waren? Seinem Publicum waren sie noch nicht bekannt. Oder weil er selbst sie nicht kannte? Das mag von einigen wahr sein; eine grofse Zahl aber findet sich in allen Codices des 15. Jahrhunderts, und von diesen hat Cratander sicherlich einen und den andern benutzt. Und noch mehr: sein Text weicht ja manchmal bedeutend von dem der Ascensiana ab; da kannte er doch die Lesart der Italiener; warum hat er sie denn nicht am Rande bemerkt? Also er hat die Interpolationen der Italiener nicht aufgenommen, weil er sie verschmäht hat, weil er Handschriften neueren Ursprungs der Berücksichtigung nicht für werth gehalten hat. War das aber der Fall, mit welchem Rechte können wir dann behaupten, dafs er wissentlich andere Interpolationen aufgenommen hat? zumal da, wo er einmal wirklich eine Lesart seiner Erfindung anführt, er dies ausdrücklich zu bemerken nicht unterläfst; z. B. I, 1, 5 *Forte legendum ἡλίου ἀνάϑημα, ut ex veteris codicis vestigiis propemodum colligi potest, in quo Latinis characteribus scriptum erat eliu onaohma* und VII, 1, 4, wo M *verum quid agam non quaero* hat und c *Verum quid agam? non quaero illa ultima* dafür giebt, aber ein Fragezeichen dabei setzt. Und von wem sollten auch diese Lesarten herrühren, wenn sie nicht Italienischen Ursprungs sind? Vor Cratander wurden Ciceros Briefe in Deutschland wenig gelesen, seine Ausgabe ist die erste in diesem

Lande, und jene Lesarten mit Ausnahme derer, die offenbar unverständlich, also am wenigsten der Interpolation verdächtig sind, sind fast alle der Art, dafs die gröfsten Gelehrten sich nicht sehr beschwert fühlen dürften, wenn ihnen die Autorschaft dieser Lesarten zugeschrieben würde. Wir können also behaupten, dafs Cratanders Randnoten aus einer Ueberlieferung stammen, die älter ist, als der Mediceus, und haben damit ihnen gegenüber den Standpunkt gewonnen, den wir gegenüber jeder alten Ueberlieferung einnehmen. Wir stellen nicht in Abrede, dafs unter jenen Lesarten Interpolationen sein können; verlangen aber, dafs bei jeder einzelnen Lesart der Beweis geführt werde, dafs sie Interpolation ist, und dafs, wo dieser Beweis nicht geführt werden kann, der Lesart die Geltung zugestanden werde, die ihr nach richtiger Schätzung neben den andern Ueberlieferungen zukommt.

Gehen wir nun mit diesem Mafsstabe an die Prüfung der Lesarten selbst, die bei Cratander allein sich finden. Wir beginnen mit den Supplementen, von denen ich die wichtigsten hier folgen lasse und zwar, damit man mit möglichst geringer Mühe über ihren Werth oder Unwerth ins Klare kommen kann, so, dafs ich die ganze Stelle ausschreibe und das Supplement durch eckige Klammern kenntlich mache.

IV, 1, 4 *quae res animadversa a multitudine summa Brundisinorum [gratulatione celebrata est]. Ante diem VI Id. Sext. cognovi* cet.

IV, 2, 4 *Tum M. Lucullus de omnium collegarum sententia respondit religionis iudices pontifices fuisse, legis senatum: se et collegas suos de religione statuisse, in senatu de lege statuturos* (*statuos* M) [*cum senatu. Itaque suo*] *quisque horum loco sententiam rogatus multa secundum causam nostram disputavit.*

VI, 2, 7 *ipsum enim* [*triduum*] *quatriduumve* (statt *ve* M nec) *mecum habui.*

VII, 9, 4 *Praeteriit tempus, non legis* (*legit* M) [*sed libidinis tuae, fac tamen legis.*] *Ut succedatur decernitur: impedis et ais, Habe mei rationem.*

VII, 20, 1 *Illi autem* [*adhuc, id est Nonis,*] *nondum venerant.*

X, 8 A, 1 *Sic enim volo te tibi persuadere, mihi neminem esse cariorem te excepto Caesare* [*meo meque illud una iudicare*], *Caesarem maxime in suis M. Ciceronem reponere.*

XI, 5, 1 *videbam te* [*subita re quasi*] *debilitatum* (*subidebilitatum* M) *novas rationes tuendi mei quaerere.*

XII, 12, 2 *Quare sive habes* [*quid sive nihil habes*], *scribe tamen aliquid.*

XII, 37, 4 *Quod me a maestitia avocas, multum [levaris], si locum fano dederis.*
XIV, 20, 1 *A Lucullo postridie eadem fere hora veni [in Puteolanum. Ibi accepi duas epistolas, alteram Nonis, alteram] VII Idus Lanuvio datas.*
XV, 29, 1 *de Planco et Decimo sane velim. Sextum scutum abiicere [nolebam]. De Mundo si quid scies.*
XVI, 1, 1 *Nonis Quint. veni in Puteolanum. [Postridie] iens (flens M) ad Brutum in Nesidem haec scripsi.*
XVI, 6, 3 *Bella [reliqua] reliqui.*

Diese Supplemente sind für unsern Zweck von keinem Belang. Allerdings scheint XIV, 20, 1 eine andere Quelle als den Mediceus vorauszusetzen; denn einmal ist die Ergänzung nothwendig, weil Cicero nachher auf drei Briefe antwortet und weil, wenn sie fehlte, die Ankunft Ciceros im Puteolanum gar nicht erwähnt wäre, und dann würde ein Interpolator den zweiten Brief auch nicht Nonis, sondern VIII Idus datirt haben. Indessen auch diese Ergänzung könnte doch durch Conjectur entstanden sein, und von den übrigen sind IV, 2, 4, VII, 20, 1, X, 8 A, 1 und XI, 5, 1 offenbar ungeschickte Interpolationen, und auch die andern können recht gut erdacht sein, offenbare Lücken des Mediceus zu füllen.

Weit bedeutender aber und auch zahlreicher sind die Verbesserungen, die aus c allein in unsern Text gekommen sind. Sie sind so zahlreich, dafs ich nur einen kleinen Theil von ihnen hier anführen kann*).

I, 16, 13 *non flocci facteon* c — *noneloci facteon* M.
II, 3, 3 φιλοτιμίας c — φιλοτειας M.
II, 7, 3 *ieiuna tabellarii legatio* c — *ieiunata bella relegatio* M.
II, 17, 2 *vacuus sum. Iacet enim* c — *vacuus est hac etenim* M.
II, 19, 2 *peraeque* c — *peraequi* z — *dere que* M m. 1 — *denique* M m. 2.
III, 2 *si te haberem* c — *si recte haberem* M.
III, 4 *correctum* c — *confectum* M.
IV, 6, 1 *servitutem* c — *virtutem* M.
IV, 8 B, 2 *vel quod ab iisdem* c — *vel quod dabis dein* M.
IV, 18, 1 *instituti mei* c — *instituti tui me* M.

---

*) Die folgenden Lesarten finden sich nur in c; ich füge die Abweichungen von M bei und, wenn die Lesart von z bekannt ist, auch diese.

V, 1, 2 *nominum* c — *omnium* M.

V, 13, 3 *maximeque si quid potest* c — *maxime queso quid potest* M.

V, 17, 5 *muni* c — *ama* M.

VI, 1, 13 *Silium* c — *Silvium* M.

VI, 1, 26 *inepti* c — *in Epiro* M.

VI, 2, 9 *sumptu iam nepos evadit Scaptius* c — *sumptuiam ne posse vadit Scaptius* M m. 1 — *al. sumptu iam non posse vadit Sc.* M m. 2.

VI, 5, 3 *perspice nos* c — *perspiciamus* M.

VI, 6, 3 *pungebant* c — *pugnabant* M.

VIII, 5, 2 *M. Curio inscriptus* c — *de Marco curioinscriptus* M.

VIII, 15, 2 *Iovi ipsi iniquum* c — *Iovi ipsimeum* M.

VIII, 15 A, 3 *confieret* c — *cum fieri eiet* M m. 1 — *num fieret,* dann *transierit* M m. 2.

IX, 5, 3 *officia mercanda* (vita*) *puto* c — *officiam ei candida vita puto* M.

IX, 9, 4 *Deli tuum* c — *delitium* M.

IX, 10, 3 *Mamilium* c — *Manilium* M.

IX, 10, 7 νέκυιαν c — *HEKYEINA* M.

IX, 11, 4 *quid Faustum* c — *quidem austum* M m. 1 — *quid Emastium* M m. 2.

X, 4, 9 *Quur* (cur) *autem sex* c — *autem sex* M m. 1 — *aut sex* M m. 2.

X, 10, 4 *Ocellam* c — *Socellam* M.

X, 12, 4 *quicquid* c — *quid* M.

X, 14, 1 *postridie* c — *pridie* M.

X, 14, 2 *consolandum* c — *consulendum* M.

XI, 2, 1 *ex multis meis et miserrimis* c — *ex multissimis miserrimis* M.

XI, 12, 4 *puto enim cretionem* c — *duto enim crucionem* M.

XI, 24, 5 *ad tempus* c — *attem* M.

XII, 1, 1 *sin rusticetur* c — *in rusticatu* M.

---

*) *Vita* ist ausgelassen, wahrscheinlich durch einen Druckfehler oder ein Versehen Cratanders; denn derartige Fehler finden sich auch sonst in dieser Ausgabe; z. B. VIII, 2, 2 wo *qui* richtig, aber an der falschen Stelle bemerkt ist, und VIII, 5 in f., wo das Zeichen † falsch gestellt ist. So halte ich es auch lediglich für einen Druckfehler, dafs im Cratandrischen Text XIII, 33, 4 die Worte *campum Martium coaedificari illum autem* (es folgt wieder *campum*) ausgelassen sind.

XII, 3, 2 *nomen illud quod a Caesare* c — *nomen aliud quid Caesare* M.
XII, 5, 1 *filio et Stathio* c — *filio testario* M.
XII, 27, 1 *Cottae* c — *certe* M.
XII, 28, 1 *nescio; dictum quidem mihi certe nihil est. Tu igitur* c — *scio dictum quidem mihi certe nihil extinguitur* M.
XII, 28, 3 *si Castricius pro mancupiis* (mancipiis) *pecuniam accipere volet* c — *si Castricius Romam cupit is p. a. v.* M.
XII, 29, 2 *sintne igitur autores futuri* c — *sin igitur autor es futuri* M.
XII, 31, 1 *fuerit* c — *fieret* M.
XIII, 19, 5 *quam ut illi de iis somniasse umquam viderentur* c — *quam in utili deus omnia et umquam viderentur* M.
XIII, 29, 2 *pauca mutata* c — *paucam ut ad* M.
XIII, 33, 4 *duci* c — *pauci* M.
XIII, 40, 2 *Acrunoma* c — *acrimonia* M.
XIII, 45, 3 *praedia* c — *prandia* M.
XIV, 2, 3 *obscure* c — *obsecro* M.
XIV, 9, 3 *Caecilius* c — *Catilius* M.
XIV, 10, 2 *coniectanti* c — *cum letanti* M.
XV, 3, 1 *coram odorandum* c — *cura moderandum* M.
XV, 13, 7 *perlatam hui* c — *praebui* M.
XV, 17, 2 *dees, id est Bruto* c — *desit est Bruto* M.

Dieses sind die wichtigsten Verbesserungen, die aus c in unsern Text gekommen sind. Man mufs anerkennen, dafs viele davon sehr befriedigend und einige durchaus nicht nahe liegend sind. Dennoch möchte es sehr schwer sein, auch nur von einer den Beweis zu führen, dafs sie durch Conjectur nicht entstanden sein kann. Wüfsten wir also von c nichts weiter, als dafs solche und ähnliche Lesarten sich dort finden, so würde es ein vergebliches Bemühen sein, wenn wir dieser Variantensammlung Auctorität vindiciren wollten, und wir würden nicht einmal den Versuch machen, wenn wir in ihr auch offenbare Interpolationen entdeckten. Solche finden sich aber einige; z. B.

VIII, 16, 2 hat M *iudices . . . . nescio quas eius Lucerias horrent*. Manutius hat *Lucerias* mit Recht von den in Luceria von Pompejus angekündigten Proscriptionen verstanden; aber die Erklärung ist schwer zu finden und hat ihre Bedenken. Also schreibt c *minas*, das auf den ersten Blick gut pafst. Es verträgt aber nicht den Zusatz *nescio quas* und ist auch schon deshalb zu verwerfen, weil niemand *minas*, wenn es überliefert gewesen wäre, in *Lucerias* geändert haben würde.

X, 8, 8 hat M *pareamus* und gleich darauf *me*, eine Redeweise, die nicht ohne Beispiel ist, c corrigirt *paream*.

XIII, 20, 2 hat M *de uxore Tuberonis et privigna neque possum iam addere* cet., c fügt vorn *ad Ligarianam* hinzu, ein für Atticus höchst unnöthiger Zusatz.

I, 10, 6 hat M *de comitiis meis et tibi me permisisse memini et ego iampridem hoc communibus amicis, qui te exspectant, praedico. Te non modo non arcessam sed prohibebo, quod intellegam, multo magis interesse tua* cet. Die Stelle kommt sogleich in Ordnung, wenn wir *intellegam* in *intellego* verändern; c hat es aber vorgezogen den Satz von *praedico* abhängig zu machen und zu schreiben: *te non modo non arcessi a me, sed prohiberi, quod intellegam* cet.

X, 11, 3 hat M *sed ea omnia mihi sunt patienda*, c macht ohne alle Noth daraus *sed ea tempora sunt, ut omnia mihi sint patienda*; eine Wendung, die am Anfang desselben Briefs von Cicero gebraucht ist.

V, 2, 2 ist *audiri*, was M hat, richtig, aber nicht leicht zu verstehen; c giebt das nahe liegende, aber unrichtige *laudari*.

VII, 14, 3 hat M die seltne, aber nicht ungebräuchliche Construction *pacem hortari non desino*, c corrigirt *ad pacem*.

VII, 2, 2 und VII, 5, 1 hat M das seltne Wort *invalitudo*, c setzt dafür *valetudo*.

So weit also hat unsere Prüfung der Lesarten zu einem entscheidenden Resultat nicht geführt; wir haben einige offenbare Interpolationen gefunden und eine Menge guter Lesarten, die aber alle möglicherweise durch Conjectur entstanden sein können. Es bleiben uns als Beweismittel nur noch die Lesarten von c, die keinen Sinn haben, und zwar nur die davon, bei denen weder der Einwand gestattet ist, sie wären corrumpirte Interpolationen, noch der, sie wären nichts weiter, als durch Schreibfehler entstandene Abweichungen vom Mediceus. Für solche Lesarten halte ich die folgenden:

VII, 24 hat M richtig *a consilio*, c schreibt *ego consilio*.

X, 5, 3 hat M *rescripsi et isto madio si vis*, c giebt *rescripsi Istomacho si vis* und führt damit zu der richtigen Lesart *rescripsi ei stomachosius*.

X, 9 A, 1 hat c *per quod*, wo M *quod* giebt und *quid* zu lesen ist.

XIII, 40, 1, wo Manutius mit Recht liest φιλοτέχνημα *illud tuum, quod vidi in Parthenone, Ahalam et Brutum*, hat M *in partenoneala et Brutum*, c *in Parthenone Alam et Brutum*.

XIII, 46, 3 hat M *liberalius,* c *illiberalius,* Orelli *nihil liberalius.*

IV, 5, 3 hat M *ast num geram manum,* c *ast num germanum,* zu lesen ist *asinum germanum.*

IV, 18, 3 hat M *Seleuciane provincie,* c *Selicianae unciae.* Beides ist gleich schwer zu erklären.

XIII, 29, 3 hat M *si rare,* c *spirare,* zu lesen ist *sperare.*

Zu diesen Lesarten kommen noch einige hinzu, welche nicht undeutlich zeigen, dafs die Lesarten von c aus dem Archetypus des Mediceus gekommen sind ohne Vermittelung des Mediceus.

X, 12, 4 hat M *iubes enim profectionem meam providere,* c ändert *de profectione mea.* Man könnte das für eine Interpolation halten; das Urtheil wird aber anders, wenn man erfährt, dafs M ursprünglich *profectione mea* hatte. Wenn man also nicht annehmen will, dafs c aus M genommen ist, bevor jene Aenderung gemacht ist, was nicht angeht, so mufs man wohl zugeben, dafs im Archetypus der Ablativ mit oder ohne *de* gestanden hat und dafs daher c seine Lesart hat.

V, 13, 2 hat M *tua negotia Ephesi curae mihi fuerunt.* Die Worte sind vollkommen verständlich und es liegt nicht die mindeste Veranlassung zum Aendern vor. Wenn also c dennoch *negotiola* giebt, so ist es wahrscheinlich, dafs so im Archetypus gelesen worden ist, und das um so mehr, da M ursprünglich *negotio* hatte und dies am Ende einer Zeile steht.

II, 15, 2 liest man nach einer unsichern Conjectur von Bosius: *seu ruet seu eriget rempublicam.* M hat *sive ruet rempublicam,* z *serverget rempublicam,* c *siveru et get rempublicam.* Woher dies unverständliche *get?* Aus z nicht; denn diesen Codex kannte Cratander nicht, und hätte er ihn gekannt, so würde er seine Lesart nicht aus M und z gemischt haben. Es bleibt nichts übrig, als anzunehmen, dafs der Archetypus hier eine unleserliche, dem *get* ähnliche Silbe hatte, und diese Annahme wird bestätigt durch die Lesart von z und noch mehr dadurch, dafs M hinter *ruet* eine kleine Lücke hat.

Wir haben mithin durch die Prüfung der Lesarten unser oben aufgestelltes Urtheil über den Werth von c nicht nur nicht widerlegt, sondern auch mehrfach bestätigt gefunden. Es ist gewifs, dafs Cratander für seine Randnoten eine alte selbstständige Ueberlieferung benutzt hat, und es ist sehr wahrscheinlich, dafs alle die Randnoten, die aus M nicht genommen sein können und auch in unsern interpolirten Handschriften sich nicht finden, jener Ueberlieferung ihren Ursprung verdanken. Wir urtheilen also über c wie Victorius, welcher zu X, 5, 3 Folgendes bemerkt: *Noster antiquior pro ista habet isto. Germani quoque in margine sui codicis ex vetusto exemplari videntur adnotasse Istomacho. Quae enim a notis quibusdam correctoribus non acceperunt, ex veteri codice illos hausisse possumus existimare.*

Es bleibt noch die Frage, wie die drei selbstständigen Ueberlieferungen M, z und c sich zu einander verhalten. In dieser Beziehung läfst sich wohl behaupten, dafs z und c grofse Verwandtschaft mit einander haben und dafs sie aus demselben Archetypus geflossen sein können; ob aber der von Petrarca gefundene Archetypus von M auch der Archetypus von z und c ist, diese Frage wage ich weder zu bejahen noch zu verneinen. Es ist wahr, vor Petrarca waren Ciceros Briefe schon lange Zeit gänzlich verschollen; es kann auch nicht geläugnet werden, dafs die Lesarten von z und c einerseits und die von M andererseits in den Schriftzügen einander sehr ähnlich sind; es könnten ferner die Supplemente, die z und c zu M zubringen, im Archetypus am Rande gestanden haben und darum von M unbeachtet gelassen sein; es wäre endlich recht wohl denkbar, dafs die am Schlufs von M fehlenden Briefe, von denen später die Rede sein wird, im Archetypus vorhanden waren, in M aber weggelassen wurden, weil der Schreiber dieses Codex durch irgend einen unbekannten Grund veranlafst wurde aufzuhören; indessen zur Gewifsheit läfst sich durch alles dies nicht kommen und es hat auch die ganze Frage keine praktische Wichtigkeit, da in beiden Fällen c und z gleichen Anspruch haben, bei der Gestaltung des Textes neben M von uns berücksichtigt zu werden.

IV. Die Handschriften aus dem 15. Jahrhundert und die Editiones principes.

Nach Cratander und Lambin ist eine weitere selbstständige Ueberlieferung des Textes unserer Briefe nicht aufgefunden worden. Es bleibt aber die Frage zu beantworten, ob etwa in der Zwischenzeit von der Auffindung der Briefe durch Petrarca bis Cratander irgend einmal eine solche Ueberlieferung aufser M vorhanden gewesen ist und ob diese, sei es in die Editiones principes, sei es in einen der von den späteren Herausgebern benutzten Codices übergegangen ist. Ich werde bei der Erörterung dieser Frage nur die Handschriften berücksichtigen, von denen wir eine für derartige Untersuchungen einigermafsen ausreichende Kenntnifs besitzen, und selbst von diesen werde ich einige übergehen, weil seit Orelli kein Zweifel mehr darüber besteht, dafs sie werthlos sind. Es werden also zur Untersuchung kommen vor allen die beiden Editiones principes, die Romana vom J. 1470 (R) und die Jensoniana von demselben Jahre (I), aus welchen Orelli in der zweiten Ausgabe eine vollständige Collation giebt, und dann von den Handschriften die Malaspinas, nämlich der Poggianus (P), der Antonianus (A) und der von den beiden des Faernus (F), der nicht der Editio Romana zu Grunde liegt*),

---

*) Malaspina in der Praefatio sagt über seine Codices: *Undecim habuimus, ex quibus quinque cum vulgata Manutii atque etiam Victorii editione diligentissime conferentes a carceribus, ut dici solet, ad calcem usque percurrimus; nempe Faërni duos, quorum unum Romanum exemplum appellare soleo, quod sub id tempus Romae impressum fuerit, quo haec typis excudendi ars divinitus est inventa, alterum Faërni ipsius nomine*

ferner die beiden des Grävius, der Ballionensis (B) und der Helmstadiensis (H), über welche Orelli in der historia critica p. XLVIII zu vergleichen ist, endlich die beiden Oxforder (Q und ψ), deren Collation in der Ernestischen Ausgabe von 1820 und in der Oxforder von 1783 gegeben ist.

Ich beginne meine Untersuchung mit dem Nachweis, dafs weder c noch z noch deren gemeinschaftliche Quelle den Herausgebern der Editiones principes und den Schreibern jener Codices bekannt gewesen sind. Was zuerst c betrifft, so habe ich oben p. 40 gezeigt, dafs c aus diesen Codices nichts entnommen hat, und der Beweis ist von der Art, dafs daraus zugleich erhellt, dafs auch das umgekehrte Verhältnifs nicht Statt gefunden haben kann. Wir haben es also nur noch mit z zu thun.

In den Editiones principes und den in Rede stehenden Codices finden sich unter andern minder wichtigen folgende Stellen, in welchen ihre Lesarten erheblich von z abweichen und denen von M entweder gleich oder ähnlich sind. Wo in den nachfolgenden Stellen einer jener Codices nicht erwähnt ist, ist seine Lesart unbekannt.

I, 10, 1 hat z *iturum eum*, MRIQψ *missurum eum*, B *missurum eam*.

II, 8, 2 hat z *delicatum*, M m. 1 BψR *delegatum*, M m. 2 HQI *deligatum*.

II, 19, 2 hat z *peraqui*, M m. 1 *de re que*, M m. 2 BHQψ RI *denique*.

II, 19, 2 läfst z *tam infame* weg, MBHRI und, wie es scheint, auch die übrigen haben diese Wörter.

II, 25, 1 hat z *non quo faceret sed ut faceret*, M m. 1 ψ BHR haben nur *sed ut faceret*, M m. 2 tilgt auch diese Worte und sie fehlen in QI.

---

valde probum et antiquum, quos ambos apud eos esse arbitror, qui librorum ipsius fuerunt heredes. Guidonis Lolgii item duos, unum manu Poggii Florentini (ita enim in fine libri legitur) descriptum, ab editione Victorii, sive Graeca sive Latina spectes, non magnopere diversum; alterum recentiorem, quem librum Lolgii ubique, ut illum Poggii voco, quos qui volet, ea est hominis humanitas, arbitratu suo poterit inspicere. Quintum e bibliotheca Dominici Grimani Cardinalis accepi, quam vir ille clarus et magnus in nostris aedibus Antonianis Venetiis exaedificavit omniumque librorum copia et varietate instruxit atque ornavit, quae nemini clausa est invisere volenti. Hos ergo quinque in potestate habui totosque cum totis syllabatim fastidioseque contuli; reliquos sex, quod nihilo meliores comperiebam, prout res tulit, consului potius aliquando quam legi.

III, 17 in f. hat z *vere* (l. vereri), MQψBHRI lassen es weg.

IV, 1, 1 hat z *moris*, MQψRI *rumoris*, ebenda z *ut bene scribam*, MR *te vere scribam*, B *te vere sciebam*, H *te vero sciebam*, M mg. I *ut vere scribam*.

IV, 8 A, 2 hat z *sittybae libros*, MQψRI *misit libros*.

V, 14, 1 hat z *adgerebantur*, MQ *adierabantur*, R *annuntiabantur*, HI *adiiciebantur*, B *adurebantur*. Ebenda hat z *utrumque stabo*, M m. 1 *utrumque est dabo*, M m. 2 BHQψRI *utrumque dabo*.

V, 20, 9 hat z *Deiotarus*, MQψPFARI lassen es weg.

VI, 1, 13 hat z *Rhosiaca vasa*, MQψR *Rhosi causam*, I *Rhesi causam*.

VI, 3, 6 hat z *praefecti*, MQψRI *profecto*.

VII, 2, 3 hat z *detortorium*, MBHQψRI *detortorio*.

VII, 3, 8 läfst z *omnem pecuniam* weg, MRI und, wie es scheint, auch die übrigen haben es.

VII, 7, 5 hat z *facturus*, ebenso c, MRI und, wie es scheint, auch die übrigen haben *sensurus*.

VIII, 6, 3 hat z *hercule*, MQψRHRI *mehercule*.

VIII, 12 A, 3 hat z *se per montes*, MQψBHRI *semper montes*.

IX, 13, 3 hat z *lecti sumus*, M m. 1 *illectissimus*, M m. 2 QψBHRI *dilecti sumus*.

XII, 41, 2 hat z *tertium*, MRI *Terentium*.

XIV, 17 A, 4 hat z *transferam*, M m. 1 *trans*, M m. 2 Qψ RI *transtulerim*.

XV, 3, 1 hat z *accepi nati duas*, MQψRI und, wie es scheint, auch die übrigen lassen *nati* weg.

XVI, 2, 4 hat z *furcilla*, MA *furo illa*, R *furore illo*, I *frustra illa*.

XVI, 15, 5 hat z *ut fide sua*, MRI *ut inde suo*, B *ut vide suo*.

VIII, 2, 3 ist im M nach den Worten *hic tu in me* ein leerer Raum von 6 Buchstaben und nach *quae est* ein leerer Raum von 10 Buchstaben. Dieselben Lücken finden sich in QψBHPFA, nicht aber in z.

V, 15, 1 hat M m. 1 *ex hoc die clavom animi verbis* statt *clavum anni movebis*, M m. 2 hat darüber geschrieben *al. vacat*, und es fehlt die Stelle in BHRI. Dagegen scheint sie in z vorhanden gewesen zu sein.

Aus diesen Stellen ergiebt sich, dafs z nicht die Quelle der Editiones principes und der in Rede stehenden Codices gewesen ist; es bleibt zu beweisen, daſs auch nicht einzelne Verbesserungen aus diesem in jene gekommen sind.

Wesenberg, der durch seine Emendationes M. Tullii Ciceronis epistolarum sich groſse Verdienste um die Kritik der ciceronischen Briefe erworben hat, hat in diesem Buche p. 10. 61 Stellen angeführt, die den Beweis enthalten sollen, daſs die schlechteren Codices, und das sind die, von denen wir handeln, vielfach aus den besseren ergänzt und verbessert worden seien. Wir haben also diese Stellen sämmtlich einer Prüfung zu unterwerfen; ein etwas langwieriges Geschäft, das indessen durch folgende vier Bemerkungen erheblich vereinfacht wird:

1) Wesenberg hegt nicht den mindesten Zweifel über Bosius Glaubwürdigkeit und hält seine Codices für die reinste Ueberlieferung von Ciceros Briefen. Wir dagegen, durch Haupt belehrt, sind vollkommen davon überzeugt, daſs Bosius ein Fälscher gewesen ist und daſs seine Angaben keinen Glauben verdienen. Wir werden daher alle die Stellen übergehen können, wo die Uebereinstimmung unserer Codices mit den bessern nur auf Angaben von Bosius beruht, und daſs dies die Mehrzahl der von Wesenberg angeführten Stellen trifft, kann nicht befremden, da Bosius Lesarten weniger bekannter Codices und nicht zur Anerkennung gelangte Conjecturen von älteren Gelehrten mit Vorliebe aufgreift und dadurch, daſs er sie in seinen Codices gefunden haben will, einestheils ihnen Auctorität verleiht, anderntheils sich das Verdienst, Ciceros Worte hergestellt zu haben, gewissermaſsen zueignet.

2) Die bloſse Uebereinstimmung unserer Codices mit den besseren beweist nicht immer, daſs jene aus diesen verbessert worden sind; denn einmal kann die von den besseren Handschriften gebotene Verbesserung so leicht und evident sein, daſs die Schreiber oder Correctoren der schlechteren auch ohne fremde Hülfe auf dieselbe gekommen sein können, und zweitens kann auch eine richtige, aber anstöſsige Lesart des Municeus so beschaffen sein, daſs, wenn man sich einmal entschlossen hat sie zu ändern, nicht wohl mehr als eine Aenderung möglich ist. Von beiden Arten finden sich einige Beispiele in den von Wesenberg angeführten Stellen; z. B.

XIV, 5, 1 wo M *ICEIΓHCAC*, z und B richtig ἠσίτησας haben, liegt die richtige Lesart der corrumpirten von M ebenso nahe als die der Vulgate ἐσίγησας.

VII, 18, 3 ist in M ein elliptischer Satz, wie er in Ciceros Briefen durchaus nicht unerhört ist. Will man aber die Ellipse entfernen, so ist nichts leichter als dafs man *scio* anfügt, und dies findet sich wirklich in zcFA. Dafs diesen Zusatz selbst Lambin verwirft, thut nichts zur Sache.

III, 15, 5 hat M *sic est firmius*. *Sic* ist richtig, aber etwas anstöfsig; will man es beseitigen, so liegt nichts näher als was Q und c bieten: *quid est firmius*.

3) Zuweilen ist eine Lesart, in welcher die schlechteren Codices mit den besseren übereinstimmen und von M abweichen sollen, auch schon in M vorhanden, aber von Orelli gar nicht oder falsch angegeben worden; z. B.

II, 21, 4 hat QψRI *nequeamus* und M *nequeam*, aber Orelli hat vergessen anzugeben, dafs M m. 2 auch schon *nequeamus* corrigirt.

VII, 5, 3 hat z und Q *summam*, M aber hat nach Mommsen nicht *sumam*, sondern auch *summam*.

XV, 17, 2 hat die Vulgate *certe*, wie man nach Orelli annehmen mufs, übereinstimmend mit M, dagegen zQI *teste*, woraus Lambin das richtige *testem* gemacht hat. Es hat aber nach Mommsen auch M schon *teste*.

4) Endlich sind auch einige Stellen der Art, dafs ich wenigstens ihre Beweiskraft nicht erkennen kann. So ist I, 1, 4 das in M fehlende *ne contra* allerdings in QRI vorhanden, aber es wird nirgends angegeben, dafs es in z oder c oder auch nur in Bosius Codices sich findet, und umgekehrt ist II, 17, 3 nicht angegeben, dafs bei dem Worte *Alabarches* die schlechteren Codices von M abweichen. Ferner lesen wir IV, 2, 4 wohl richtig *Serranus intercessit. De intercessione* cet., und es fehlt in M allerdings *de intercessione*, denn m. 1 hat *Serranus intercessiorem* und m. 2 *Serranum intercessorem*; aber woher unsere Lesart stammt, ist unbekannt, da von den übrigen Codices nichts überliefert ist und RI und auch die Aldine sich noch nach M richten.

Nach dieser Sichtung bleiben uns, wenn wir von den beiden grofsen Lücken im M vorläufig absehen, von den von Wesenberg angeführten Stellen nur noch folgende übrig:

IV, 8 A, 2 hat M und ähnlich RI offenbar verderbt *postquam misit libros illustrarunt*, z richtiger *postquam sittybae libros illustrarunt* und A *postquam sit tibi libros illustrarunt*; es ist mit Grävius *postquam sittybis libros illustrarunt* zu lesen, so dafs die Corruptel im M vermuthlich so entstanden ist: der Archetypus hatte *sit tybi* oder *sit tibis* getrennt, wie in IV, 5, 3, *tibis* fiel dann wegen des ähnlichen *libros* aus und M machte *misit* aus dem unverständlichen *sit.* Dann ist dies allerdings eine bedenkliche Stelle; denn A nähert sich entschieden der ächten Ueberlieferung. Indessen wenn man bedenkt, dafs in zwei kurz vorher geschriebenen Briefen IV, 4B; 1 und IV, 5, 3 ebenfalls von diesen *sittybis* die Rede ist und dafs in unserer Stelle ganz dieselbe Sache besprochen wird, ferner dafs schon Octavius Pantagathus und Manutius *sittybae* emendiren wollten, endlich dafs man auch in jenen Stellen nicht im Klaren war, ob σιττύβη oder σίττυβος oder σίλλυβος das richtige Wort sei, so ist es durchaus nicht unwahrscheinlich, dafs im Antonianus die Lesart von M durch Conjectur verbessert worden ist und dafs Malaspina, dessen Emendationes erst 1564 erschienen, das übergeschriebene *tibi* irrthümlich für die ursprüngliche Lesart des Antonianus gehalten hat. Jedenfalls würde aus dieser Stelle nicht folgen, dafs A aus z emendirt ist, denn *sittybae* in *sit tibi* zu verwandeln, lag keine Veranlassung vor.

Es folgen die Stellen IV, 1, 4, wo I mit z den Zusatz hat *cum Brundisii essem* und IV, 12, 1, wo ebenfalls I mit z *Idibus* nach *esse* einschiebt. Dafs wir es hier mit Interpolationen zu thun haben, ist bei dem ersten Zusatze leicht zu erkennen; denn kurz vorher erwähnt Cicero ausdrücklich, dafs er in Brundisium angekommen, und kurz nachher, dafs er von dort abgereist sei, so dafs der Zusatz völlig müfsig ist. Der zweite Zusatz macht etwas mehr Schwierigkeiten. Die Lesart von M: *Macroni vix videor praesto* (sc. fore); *esse enim auctionem Larini video et iduum praeterea,* läfst, wenn wir mit z *iduum* in *biduum* verwandeln, da wir Macros Angelegenheit gar nicht kennen, folgende doppelte Erklärung zu: „Ich werde dem Macro wohl nicht zu Diensten sein können; denn ich sehe, dafs die Auction, wozu er mich braucht, in Larinum ist und noch dazu zwei Tage, und dahin will ich nicht reisen" oder „denn ich sehe, dafs um die Zeit, wo er mich braucht, eine Auction in Larinum ist, die mich angeht und bei der ich nicht fehlen kann." Von diesen beiden Erklärungen scheint mir die erste den Vorzug zu verdienen, weil Cicero Ende April längere Zeit auf seinem Pompejanum sich aufhielt und am 1. Juni in Rom sein mufste, weil er also, wenn er im Mai in Larinum zu thun hatte, schwerlich vorher noch nach Antium gegangen sein würde, wo er diesen Brief schrieb. Was gewinnen wir nun, wenn wir *Idibus* einschieben? Ich glaube, nichts; im Gegentheil machen uns diese Iden nicht unerhebliche Schwierigkeiten. Sollen die Iden des Mai, wie die Erklärer wollen, gemeint sein, so müfste der Brief

in den ersten Tagen des Mai geschrieben sein; dann wäre aber
nicht zu erklären, dafs Cicero den Atticus, an den er doch fast
täglich schreibt (cf. ad Att. IV, 8B, 4), am Schlufs des Briefs so
dringend zu sich zu Tische einladet für den 2. Juni. Und auch
an die Iden des Juni läfst sich nicht wohl denken; denn es ist
nicht wahrscheinlich, dafs Cicero, der, wie er pflegte, die Monate
April und Mai auf dem Lande zugebracht hatte und am 1. Juni in
die Stadt zurückgekehrt war, schon am 13. wieder nach Larinum
einer Auction wegen reisen sollte, zumal da wir wissen, dafs er
in diesem Monat Milo und Caninius Gallus vertheidigte, gegen
Piso eine Rede im Senat hielt und den mehrtägigen grofsen
Spielen des Pompejus beiwohnte. Also das Verständnifs wird
durch den Zusatz nicht gefördert; warum er aber gemacht ist,
erklärt sich genügend durch die starke Ellipse nach *praesto*, die
man durch Hinzuziehung von *esse* wegen *enim* nicht beseitigen
konnte. Ich glaube, das genügt zu beweisen, dafs auch dieser
Zusatz unächt ist. Wir gewinnen aber wenig damit. Der erste
Zusatz ist keineswegs so nöthig und der zweite keineswegs so
naheliegend und so befriedigend, dafs man annehmen dürfte,
irgend ein Gelehrter wäre hier durch Nachdenken auf die ihm
unbekannten Lesarten von z gekommen. Eine Uebertragung mufs
also Statt gefunden haben, und wir haben zu entscheiden, ob es
wahrscheinlicher ist, dafs diese Lesarten aus I oder seiner Quelle
in z oder aus z oder seiner Quelle in I gekommen sind. Wären
die Zusätze echt, oder enthielten sie auch nur Spuren der echten
Ueberlieferung, so könnte es nicht zweifelhaft sein, dafs wir für
z uns zu entscheiden hätten; denn z ist unabhängig von M und
bei I ist es höchst fraglich, ob ihm aufser M eine selbstständige
Ueberlieferung vorgelegen hat. Da aber die fraglichen Zusätze
als Interpolationen erkannt sind, verliert z diesen Vorzug und
die andern Umstände sprechen nicht zu seinen Gunsten. Wir
kennen aus z eine nicht unbedeutende Zahl vortrefflicher Lesarten und es ist anzunehmen, dafs viele uns unbekannt geblieben
sind; nun hat I von den anerkannt guten Lesarten von z keine;
wie wollen wir es erklären, dafs I, wenn ihm z zugänglich gewesen
wäre, zwei Lesarten, deren Werth beim ersten Blick zweifelhaft
ist und bei näherer Untersuchung sich als nichtig erweist, aus
jenem Codex entlehnt und alle übrigen als werthlos übergangen
hätte? Dagegen ist der Codex z uns erst durch Lambin bekannt
geworden, er hat lange den Einwirkungen der Italiener offen
gestanden und ist keineswegs frei von Interpolationen, es ist
also durchaus nicht unwahrscheinlich, dafs auch die in Rede

stehenden Zusätze aus irgend einem italienischen Codex in z
übertragen und von Lambin nicht als Zusätze neueren Ursprungs
erkannt worden sind.

Ich habe bisher von den beiden grofsen Lücken im M
geschwiegen, um erst fest zu stellen, dafs, wenn diese beiden
Lücken wirklich aus M nicht haben ergänzt werden können, die
Ergänzung von den Italienern des 15. Jahrhunderts aus z oder c
nicht entnommen ist, dafs vielmehr in diesem Falle eine von M
sowohl als von z und c unabhängige Ueberlieferung, sei es des
ganzen Corpus der Briefe, sei es eines Theils derselben, ihnen zu
Gebote gestanden haben mufs. Sehen wir jetzt, wie es sich damit verhält.

Im Mediceus sind zwei grofse Lücken. Es fehlt erstens im
ersten Buche der gröfste Theil vom 18. Briefe von den Worten
reperire ex magna turba an bis zum Schlufs und fast der ganze
19. Brief bis zu den Schlufsworten *qualem esse* u. s. w., zweitens
am Schlufs der ganzen Briefsammlung von XVI, 16B die zweite
gröfsere Hälfte nach den Worten *non serventur magnam* und
dann die Briefe XVI CDEF. Von diesen Lücken ist die erste auch
in ψ vorhanden und vielleicht auch in B, wenigstens wird hier
keine Lesart aus B von Grävius angeführt; sie ist dagegen ausgefüllt aufser in z und c in QHPFARI. Die zweite Lücke findet
sich auch in Q; sie ist ausgefüllt aufser in z und c nachweislich
in BRI und in dem von Bandini in Bibliotheca Leopoldina Lau-
rentiana I, p. 531 angeführten cod. CCXVII, vermuthlich aber
auch in den übrigen Codices.

Was folgt nun aus diesem Sachverhalt für unsere Frage?
Aus der ersten Lücke wenig oder nichts. Es sind nämlich die
am Anfang der Lücke in M beigeschriebenen Worte: *Hic deficit
complementum et altera magna epistola. Quaere ad signum Φ*,
wie Mommsen bemerkt hat, allerdings nicht von Coluccios Hand,
aber das Zeichen selbst ist augenscheinlich lange vorher, ehe
dies geschrieben wurde, beigesetzt worden. Es kann also das
Supplement recht wohl gleich von Anfang an auf einem Blatte
in M beigelegen haben, aus ihm in andere Codices übergegangen
und nachher verloren sein. Und dafs dies sich so verhält, beweist
Q, der wegen der grofsen Lücke am Schlufs als aus M geflossen
angesehen werden mufs und der gleichwohl das Supplement der
ersten Lücke enthält.

Die zweite Lücke aber erlaubt eine derartige Auskunft in
keiner Weise. Es ist von dem Blatt nichts abgerissen, die Lücke
fängt auch nicht am Ende eines Blattes an, es ist überhaupt nichts

vorhanden, was die Annahme, das Fehlende könnte irgend einmal in M vorhanden gewesen sein, ich will nicht sagen, empfähle, sondern auch nur gestattete. Der Schreiber hat aus irgend welchem Grunde aufgehört zu schreiben und unter seinen letzten Worten steht die Subscription: *Hic liber est Colucii Pyeri de Stignano* und dahinter: *Donatus Acciaiolus emit a Donato Arretino, Leonardi filio.* Wo soll da das grofse Supplement gestanden haben? Haben aber die Italiener es weder aus M noch aus c oder z, so ist es erwiesen, dafs ihnen eine andere selbstständige Ueberlieferung zu Gebote gestanden hat, und wir haben nun nachzusehen, wie beschaffen diese gewesen ist.

Leonardus Arretinus, derselbe, der nach Coluccios Tode in den Besitz des Mediceus kam, schreibt am 1. November 1409 von Pistorium an Nicolaus Nicoli (ep. III, 13. Tom. I, p. 89 ed. Mehus): *In hac ipsa hora, cum tibi scribere pararem, litterae tuae mihi redditae fuerunt. Primo igitur dicam, quod dicturus eram, deinde tuis respondebo. Bartholomaeus Cremonensis mihi hodie affirmavit, se Ciceronis epistolas ex vetustissima littera reperisse. Contempsi primo; mox cum magis magisque asseveraret, confestim domum eius visendi studio me corripui, quo in loco mihi ostenditur volumen antiquissimum sane ac venerandum. Sed dum avide evoluta ac singula scrutor, invenio epistolas ad Brutum et ad Quintum fratrem, eas videlicet ipsas, quas habemus, et septem dumtaxat ad Atticum libros. Fuit id minus quam optaram, sed tamen, opinor, aliquantulum inerit lucri ad nostras emendandas. Illud satis constat, quas antea habuimus, ex eo volumine non fuisse transscriptas, cum ibi non plures quam septem ad Atticum libri, nos vero, ut opinor, quattuordecim habemus.* Hier haben wir eine Handschrift, die unzweifelhaft nicht aus dem Mediceus abgeschrieben ist; denn wenn auch die alten Philologen über das Alter der Handschriften sich oft geirrt haben, darüber konnte doch ein Gelehrter in den ersten Jahren des 15. Jahrhunderts unmöglich in Zweifel sein, ob eine Handschrift in die letzte Hälfte des vorigen Jahrhunderts gehörte oder, wie Leonardus von dieser sagt, ein volumen antiquissimum sane ac venerandum wäre. Wir müssen also zugeben, dafs aus dieser Handschrift manche Verbesserung in die Vulgata gekommen sein kann und behalten uns vor zu untersuchen, in wie weit diese Möglichkeit sich verwirklicht hat. Das aber, was wir zunächst suchen, die Quelle des grofsen Supplements am Schlufs der Briefsammlung, haben wir in dieser Handschrift nicht gefunden. Sie enthielt nur 7 Bücher der Briefe an Atticus, und da sie diesen die Briefe an Brutus und an Quintus Cicero vorausschickte, mithin dieselbe Ordnung, wie der Mediceus, beobachtete, müssen jene 7 Bücher die ersten gewesen sein und der Schluſs der Briefsammlung kann nicht in ihr enthalten gewesen sein. Wir haben also unsere Nachforschung fortzusetzen.

In den Vite di uomini illustri del sec. XV scritte di Vespasiano Fiorentino contemporaneo (ums Jahr 1450) N. 72 Poggio Fiorentino, Mai spicil. Rom. T. I p. 549 heiſst es in einer Aufzählung der von Poggio aufgefundenen alten Schriftsteller: *Pure a Costanza trovaronsi le epistole di Tullio ad Attico, delle quali non ho notizia*, und dasselbe lesen wir auch bei Blondus, Italia illustrata Bas. 1531, p. 346: *Concilium apud Constantiam Germaniae cum ab universo populo Christiano haberetur, quaerere ibi et investigare coeperunt ex nostratibus multi, si quos Germaniae loca Constantiae proxima ex deperditis Romanorum et Italiae olim libris in monasteriorum latebris occultarent, Quintilianusque integer repertus a Poggio primum transscriptus in Italiam venit secutaeque sunt incerto nobis datae libertatis patronae Ciceronis ad Atticum epistolae*. Diese Angaben sind in der Ausdehnung, wie sie gegeben werden, ohne Zweifel unrichtig; denn daſs Petrarca auch Briefe an Atticus gekannt und gelesen hat, beweist der von seiner Hand geschriebene Mediceus und viele Stellen seiner Schriften (s. Orelli historia critica p. XII et XIII), in welchen er diese Briefe erwähnt und nachahmt; daſs sie auch vor dem Costnitzer Concil in Florenz bekannt gewesen sind, zeigen Coluccios Anmerkungen zum Mediceus und der eben p. 56 angeführte Brief von Leonardus Arretinus; daſs endlich Poggios Auffindung Ciceronischer Briefe auf keinen Fall so bedeutend gewesen ist, ergiebt sich aus den sonstigen Aufzählungen der von Poggio gemachten Entdeckungen, die zum Theil sehr lobpreisend sind und die gleichwohl von diesem Funde ganz schweigen. Dies alles berechtigt uns aber nicht, die Angabe von Vespasiano und Blondus als völlig aus der Luft gegriffen ganz von der Hand zu weisen. Die Sammlung von Ciceros Briefen an Atticus hat um die Zeit, wo Poggio lebte, eine Erweiterung erfahren; von Poggio wird berichtet, er hätte bis dahin unbekannte Briefe an Atticus gefunden; von einer andern Quelle, woher jene Erweiterung gekommen sein könnte, findet sich keine Spur; warum sollten wir nicht Poggio das Verdienst zuschreiben, den im Mediceus fehlenden Schluſs zu der Briefsammlung zugebracht zu haben? Freilich sicher ist unsere Annahme nicht; aber in solchen Fällen hat man sich mit der Wahrscheinlichkeit zu begnügen.

Wir haben also zwei Quellen gefunden, aus welchen in die Vulgate vor Cratander wesentliche Verbesserungen gekommen sein können. Gekommen sein können, sage ich, nicht, gekommen sind; denn das Vorhandensein eines wichtigen kritischen Hülfsmittels beweist noch nicht, dafs es auch wirklich benutzt worden ist. Aber diese Hülfsmittel waren ja in die Hände überaus thätiger, kenntnifsreicher und für Cicero begeisterter Männer gekommen; wann ist es erhört gewesen, dafs solche Leute ein vom Glücke ihnen gebotenes Mittel, ihre Wissenschaft zu bereichern, unbenutzt gelassen haben? Ganz recht; und doch kann es sein und bei Poggio wenigstens scheint es wirklich so gewesen zu sein. Poggios Streben war vor allem darauf gerichtet, durch Auffindung damals unbekannter oder verschollener alter Schriftsteller seine Wissenschaft zu erweitern, und gerade in Constanz hielt er eine so reiche Ernte, wie sie weder ihm anderswo noch irgend einem nach ihm zu Theil geworden ist. Er sah sich förmlich überschüttet von wiederaufgefundenen alten Autoren und war nicht einmal im Stande, diese alle sich zu sichern durch Kauf oder Abschreiben. Wie hätte er unter solchen Umständen es unternehmen mögen, ein so umfangreiches Werk, wie Ciceros Briefe an Atticus, dem er doch nur ein verhältnifsmäfsig sehr kleines Stück zusetzen konnte, ganz abzuschreiben? Ueberdies ist es auch gar nicht unwahrscheinlich, dafs er nur Stücke von Ciceros Briefen, nicht einen vollständigen Codex gefunden hat; denn einen so wichtigen Fund würde er wohl irgendwo erwähnt haben und Ciceros Briefe waren vielfach stückweise verbreitet, wie z. B. der codex Erfurtensis, der vor der Zeit, wo Petrarca Ciceros Briefe fand, geschrieben ist, nur einzelne Stücke der Briefe ad fam. enthält und die Pariser Handschrift Notre Dame 178, die Mommsen verglichen hat, nur bis zu den Worten *impediendi moram* ad fam. VIII, 8, 6 reicht und der oben erwähnte von Leonardus Arretinus gesehene alte Codex nur die Briefe an Brutus, die an Quintus und von denen an Atticus nur die ersten sieben Bücher umfafste. Endlich ist hier auch der noch vorhandene codex Poggianus, jetzt Med. plut. XLIX, cod. XXIV, zu erwähnen, der von Poggios Hand geschrieben ist, nachher in den Besitz des Benedictus Martinozi und endlich durch Cosmo Medici in die Mediceische Bibliothek kam. Wäre dieser Codex vollständig collationirt, so würden wir die Frage, die uns jetzt beschäftigt, blos durch ihn leicht und mit Sicherheit beantworten können. Leider ist dies nicht der Fall; wir kennen nur wenige Lesarten aus diesem Codex durch Malaspina; welche zwar unserer Ansicht nicht widersprechen, keineswegs aber ausreichend sind, die Grundlage eines Beweises für dieselbe abzugeben*), und was Mommsen in seiner Collation des Mediceus aus diesem Codex angemerkt hat, betrifft fast nur die erste grofse Lücke im Mediceus, ist also für die Entscheidung der vorliegenden Frage nicht zu verwenden. Indessen auch so ist der Codex für uns nicht ganz ohne Bedeutung. Ist nämlich das, was Malaspina vom Poggianus behauptet, er wiche fast gar nicht von Victorius Ausgabe ab, begründet, so wäre unsere Frage in unserem Sinne entschieden; denn dafs Victorius Ausgabe auf dem Mediceus beruht, ist anerkannt. Ist aber auch kein Verlafs auf diese Angabe, und mir wenigstens scheint es bedenklich darauf Schlüsse zu bauen**), so gewährt uns jener Codex doch einen Stützpunkt, wenn wir folgenden von Orelli angeführten Brief des Poggio an Nicolaus Nicoli aus dem Jahre 1425 betrachten (Poggii ep. II, 22, ed. de Tonellis. Florentiae 1832 I, p. 149): *Praeterea opus est mihi epistolis Ciceronis ad Atticum manu mea scriptis, quas habet Cosmus noster; nam scriptor illas scribit satis mendosas propter exemplar; cursim corrigam illas, si hunc habuero Cosmi librum; itaque illum nobis trade. Roga Cosmum verbis meis, ut librum paullum mihi commodet, quem ei incolumem restituam.* Leider weifs ich nicht, ob der Poggianus vor oder nach dem in Costnitz gemachten Funde geschrieben ist. Mag das aber auch so sein oder so, jedenfalls zeigt dieser Brief, dafs in den Mediceus wesentliche Verbesserungen durch Poggios Fund nicht gekommen sind. Ist nämlich der Poggianus vor dem Costnitzer Concil geschrieben, so müfste er, wenn das anders wäre, nachher von Poggio durchcorrigirt sein; es

---

*) Dafs diese Angaben überdies nicht recht zuverlässig sind, zeigt I, 19, 10, wozu Malaspina bemerkt: Σόλοιχα *emendavit Victorius, cum quo faciunt mei omnes*, Mommsen aber *soleta* als Lesart der Poggianus angiebt.

**) Abgesehen von der Unzuverlässigkeit derartiger Angaben habe ich auch noch ein anderes Bedenken. Mir scheint nämlich der von Malaspina benutzte Codex gar nicht der zu sein, den wir Poggianus nennen. Malaspinas Poggianus war von Poggio eigenhändig geschrieben und das stand am Schlufs ausdrücklich bemerkt; bei unserm Codex fehlt diese Notiz am Schlufs. Ferner war unser Codex 1425 im Besitz von Cosmo Medici und ist jetzt in der Florentiner Bibliothek; es ist also höchst wahrscheinlich, dafs er in der Zwischenzeit nicht in fremde Hände gekommen ist. Malaspinas Poggianus war aber im J. 1564, in welchem seine *emendationes* erschienen, im Besitz des Guido Lolgius. Ich habe leider nicht die Mittel, die nöthig sind, diese Frage zu entscheiden. Ist es so, wie ich vermuthe, so fällt das, was ich gegen Malaspina gesagt habe; auch mufs manches in der obigen Untersuchung modificirt werden; das Resultat der Untersuchung aber selbst erleidet dadurch keine Aenderung.

würde dann aber Poggio nicht diesen Codex, sondern seine von Costnitz mitgebrachte Abschrift für die Correctur benutzt haben. Ist aber der Codex nach dem Funde geschrieben, so würde Poggio, wenn der Mediceus dadurch sehr verbessert worden wäre, überhaupt gar nicht auf den Einfall gekommen sein, seinen Schreibern einen andern als diesen Codex oder eine genaue Abschrift davon als Vorlage zu geben. Mit Poggios Fund sind wir also ins Reine gekommen, so weit es sich thun läfst ohne eine Collation des Poggianus.

Was nun den Codex betrifft, den Leonardus Arretinus in Pistorium sah, so ist erstens nirgends gesagt, dafs Leonardus in seinen Besitz kam oder auch nur zur Benutzung ihn erhielt, und nehmen wir das als sich von selbst verstehend an, was es aber nicht ist, so ist es zweitens, so wenig auch ein Zweifel über das Alter des Codex gestattet ist, keineswegs ausgemacht, dafs erhebliche Verbesserungen des Mediceus darin enthalten gewesen sind. Freilich behauptet Leonardus, die damals bekannten Codices wären nicht aus diesem abgeschrieben; er behauptet dies aber, ehe er den Codex untersucht hat und schliefst es lediglich daraus, dafs dieser Codex nur 7 Bücher, die gewöhnlichen aber 16, oder, wie er schreibt, 14 Bücher enthielten. Beweist denn aber dieser Umstand dies? Ich glaube eher das Entgegengesetzte daraus folgern zu können. Petrarcas Archetypus ist nicht im Ganzen, sondern in einzelnen Stücken gefunden worden; dieser Codex enthielt nur 7 Bücher und Petrarcas Hand im Mediceus hört VII, 7, 6 auf; ist es nicht wahrscheinlich, dafs Leonardus Codex eines jener Stücke des Archetypus vom Mediceus gewesen ist? um so mehr, als Petrarca den Archetypus in Verona gefunden hat, Coluccio seine bedeutenden kritischen Hülfsmittel dem Cremoneser Pasquino verdankte und der Ueberbringer dieses Codex ebenfalls ein Cremoneser war. War aber unser Codex ein Stück des Archetypus*), so wird nach der sorgfältigen Nachlese, die Coluccio gehalten hatte, kaum noch viel Ausbeute für Leonardo übrig geblieben sein. Und überdies würde er, der Besitzer des Mediceus, wenn er etwas Erhebliches gefunden hätte, es sicherlich in diesen Codex eingetragen haben; Zusätze aber zum Mediceus von Leonardos Hand werden nicht erwähnt und diejenigen, die nicht von Coluccio herrühren, unter denen möglicher-

---

*) Der im Mediceus nach den Briefen an Quintus folgende unächte Brief an Octavianus wird allerdings nicht von Leonardo als in dem ihm gezeigten Codex befindlich erwähnt; indessen er ist so unbedeutend, dafs er darin sich gefunden haben kann, ohne von Leonardo erwähnt zu werden.

weise dergleichen versteckt sein könnten, sind, wie wir gesehen
haben, sämmtlich ohne Bedeutung und würden, auch wenn es
anders wäre, immer noch nicht das beweisen, worauf es uns
hier besonders ankommt, dafs eine über den Mediceus hinausgehende Tradition den Italienern des 15. Jahrhunderts vorgelegen habe. Endlich ist hier auch auf die Briefe an Quintus zu
verweisen. Von ihnen nimmt man allgemein und mit Recht an,
dafs für sie der Mediceus die einzige Quelle sei, und doch fanden
auch sie sich in Leonardos Codex, so gut wie die Briefe an Atticus. Mit welchem Schein von Wahrheit können wir also behaupten, dafs wohl die Briefe an Atticus bedeutende Verbesserungen
aus jenem Codex erhalten haben, die an Quintus aber, die der
Verbesserung nicht weniger bedürftig sind, gar keine?

Also dafs der aus dem Mediceus abgeleitete Text durch Poggios Fund oder durch den alten Codex des Bartholomäus Cremonensis umgestaltet worden sei, ist durchaus nicht wahrscheinlich.
Dafs aber auch nicht eine andere uns unbekannt gebliebene Quelle
von den Italienern des 15. Jahrhunderts benutzt worden ist,
läfst sich nur aus den Lesarten der Vulgate selbst beweisen, und
da eine vollständige oder beinahe vollständige Collation nur von
RI und Qψ vorhanden ist, eigentlich nur für diese; denn die Untersuchung mufs natürlich darauf gerichtet sein, zu zeigen, dafs
alle Abweichungen von M im Grunde nichts weiter sind als
Schreibfehler oder Interpolationen, gleichviel ob richtige oder
falsche.

Natürlich kann ich nicht alle Abweichungen hier anführen;
ich mufs aus der übergrofsen Menge einige auswählen, die zeigen
können, welcher Art diese Abweichungen sind. Namentlich werde
ich mich nicht aufhalten bei gewöhnlichen Schreibfehlern, wie
sie in allen Codices in Menge vorkommen; ich bemerke in dieser Beziehung nur, dafs aus Versehen entstandene Lücken besonders häufig in H sich finden; z. B.

II, 7, 3   läfst H aus: *haec ieiuna tabellarii legatio datur ei,*
   cuius tribunatus ad istorum tempora reservatur;
   übergesprungen von *reservatur* auf dasselbe Wort.

II, 23, 3 läfst H aus: *animorum brevitate contenta est. Permagni.* Er ist übergesprungen von *nostrorum* auf
   nostra.

IV, 1, 7 läfst H aus: *sin aliter, demolientur; suo nomine locabunt; rem totam aestimabunt.* Er ist übergesprungen von *aestimabunt* auf dasselbe Wort.

Unsere Aufmerksamkeit können nur diejenigen Stellen auf

sich ziehen, wo man durch Veränderung, Auslassung und Zusatz versucht hat, dem irgendwie nicht befriedigenden Texte des Mediceus aufzuhelfen. Der Art scheinen mir folgende zu sein:

X, 4, 8 M *se apud ipsam legem offendisse* — Q wie Victorius *plebem* für *legem*.

X, 4, 6 M *nec ad severitatem nec ad diligentiam* — Q wie Manutius *indulgentiam* für *diligentiam*.

X, 4, 8 M *finem illi fore* — Q wie Manutius *belli* für *illi*.

XVI, 5, 4 fügt Q *lepide* nach *Lepidi* hinzu. Nach Orelli findet sich das Wort aufser im erdichteten Crusellinus des Bosius auch in F; aus Grävius Anmerkung zu dieser Stelle ersieht man aber, dafs es eine Conjectur von Malaspina oder Faernus ist und nicht in F gestanden hat. Auch hier also hat Q eine neuere Conjectur aufgenommen.

XIII, 30, 3 M *ullo aliquem* — B wie Manutius *volo* für *ullo*.

X, 5, 2 M *Curionis sermo postridie eandem habuit summam* — ψ B R H *sententiam* für *summam*.

VIII, 7, 2 M *patriam reliquit, Italiam relinquit* — ψ BI *deseruit* für *reliquit*.

VIII, 4, 1 M *ad quem ego quas litteras.... miseram! quantum honoris significantes* — ψBHR *quantum honoris significationem*.

VIII, 12 B, 1 M *contractis nostris copiis* — ψBHR *coniunctis*.

XI, 16 in f. M *id enim mihi erit pro desperato* — ψBHR *pro explorato*.

IX, 15, 2 M *ab interrege ut dictator diceretur et magister equitum* — PAψBHR lassen *et magister equitum* mit Recht weg, weil der Magister equitum vom Dictator ernannt wurde, was sehr bekannt war.

I, 13, 3 M *postea rem .... ad virgines atque ad pontifices relatam* — PBR lassen *ad virgines atque* mit Recht weg, weil die Jurisdiction über Religionsfrevel, von dem hier die Rede ist, nur den Pontifices zukam.

XVI, 6, 1 M *duo sinus fuerunt ....; utrumque pedibus equis transmisimus* — PBHRI lassen *equis* weg, weil es unverständlich war. Im Archetypus mufs es gewesen sein, da z und Macrobius, der die Stelle citirt, *equis* nicht wegläfst.

V, 6, 1 M *Quod Pontinum statueram exspectare, commodissimum duxi exspectare dies eos, quos ad (quoad m. 2) ille veniret, cum Pompeio consumere* — HQI lassen das zweite *exspectare* weg, offenbar um die Stelle verständlich zu machen.

III, 8, 4 M *impulsi ac proditi* — H fügt *et commoti* hinzu.

XI, 10, 1 M *P. Terentius . . . . operas in portu et scriptura Asiae pro magno* (magistro) *dedit.* — QψBHRI schreiben *magnas operas*, obgleich es auch ad fam. XIII, 65, 1 heifst: *Cum P. Terentio Hispone, qui operas in scriptura pro magistro dat.*

X, 4, 6 M *in hac fuga* — FI *in hac vita et fuga.*

XV, 8 in f. M und z *sed aliquid crastinus dies ad cogitandum nobis dare* (de ea re) — BP m. 2 *dabit*, I *dare pollicetur*, offenbare Interpolationen.

XIII, 22, 2 M *scripseram Cereliam quaedam habere*, [*quae nisi a te*] *non potuerit* — *quae nisi a te* zugefügt in QRI.

II, 22, 1 M *Quam vellem Romae mansisses! Profecto, si haec fore putassemus.* — R *quod profecto factum esset, si* u. s. w.

VIII, 11, 7 M *simul aliquid audiero, scribam ad te* — R *simulatque.*

I, 16, 13 c und z *non flocci facteon*, M *nonelocifacteon* — R *non χηλαφητεον*.

IV, 2, 2 M *oratio iubent ut in nostre debere non potest*, was Victorius gut emendirt *oratio iuventuti nostrae deberi non potest.* — R *oratio uberrima ut nostre debere non potest*, I *oratio iubet ut in nostrae fortunae casu quod debere non potest.*

III, 26 in f. fügt I hinzu *cal. VI ianuar.* und im folgenden Briefe am Schlusse IA *plura non scribo. Cura ut valeas.*

III, 15, 1 M *obiurgas ut sim firmior* — I *obiurgas et rogas.*

IV, 16, 10 M *locus ille animi nostri, stomachus ubi habitabat olim, concaluit.* — I *locus ille animi nostri, stomachus ubi hebetabat olim, concaluit, ut digerat multa cruda facilius.* Hierzu bemerkt Victorius: *omnia haec corrupta, nam* concalluit *pro* concaluit *legendum est, auctore etiam Nonio Marcello, qui et hic et lib. III de natura deorum* concalluit *legit. Quae autem sequuntur verba credimus nos interpretationem esse illius vocis* concaluit; *cum enim non viderent, quid aliud ibi calor facere posset, putarunt ob id concaluisse stomachum sibi Ciceronem dicere, ut facilius concoqueret. Quod postea temere ab imperitis librariis in ordinem verborum Ciceronis traductum est.*

V, 16, 1 M *onas* (ὠνὰς) *omnium venditas* — I *omnes possessiones omnium venditas.*

VII, 3, 1 M *etsi cupidissime expetitum a me sit.* — I *expressum et expetitum.*

VII, 4, 2 M *in hoc officio sermonis* — IA *in hoc iudicio et officio sermonis.*

VII, 5, 2 M *mirabilis utilitatis mihi praebet* — I schiebt *fructum* ein.

VII, 10 in f. M *adhuc certa* (m. 2 *incerti*, lies *certe*), *nisi ego insanio, stulte omnia et incaute* — I fügt hinzu *agi iudico*.

XIV, 13 B, 5 M *puero quoque hoc a me dabis, si tibi videbitur*. — I fügt hinzu *ut animum eius conciliatum reddas*.

I, 13, 1 M *Accedit eo, quod mihi non, ut quisque in Epirum proficiscitur*, eine Ellipse, die vertheidigt werden kann. — R *mihi non placet*, I *mihi non notum est*.

X, 1, 3 M *cum illi culissimum* (certissimum) *sit, si possit, exspoliare exercitum et provinciam* (exercitu et provincia) *Pompeium* — R *sit sese posse exspoliare*, I *sit se posse exspoliare*.

IV, 3, 3 M *Sed ego dia et accurari* (diaeta curari) *incipio* — R *sed et ego madia et accuravi*.

XIII, 38, 1 citirt Cicero ein Stück aus einem Brief des jungen Quintus, natürlich nur so viel als nöthig ist, nach M so: *ego enim, quidquid non belle in te dici potest* — R ergänzt *ego enim non probo quidquid* cet.

XIII, 14, 1 hat M *brinui libertus comheres et* (*ait* von derselben Hand corrigirt) *Sabinum Albium ad me venire*. Jetzt wird nach I und einem Codex des Ursinus gelesen: *Brinnii libertus, coheres noster, scripsit ad me, velle, si mihi placeret, coheredes, se et Sabinum Albium ad me venire*. Diese Lesart ist aber offenbar erfunden; denn 1) wenn der Freigelassene geschrieben hatte *si mihi placeret*, müfste er Ciceros Antwort abwarten, ehe er kam; dann hätte aber Cicero nicht an Atticus geschrieben, was weiter folgt: *Quare, nisi iam profecti sunt, retinebis homines*; 2) ist die doppelte Erwähnung dessen, dafs der Freigelassene Miterbe sei, anstöfsig; 3) müfsten nach dieser Stelle nur zwei Miterben gewesen sein, nämlich der Freigelassene und Sabinus, XIII, 12, 4 wird aber noch einer, S. Vettius, erwähnt. Ich glaube, es ist nach M so zu lesen: *Brinni libertus coheredes ait et Sabinum Albium ad me venire*. *Venire* für *venturos esse* könnte nicht Anstofs geben, auch wenn Cicero nicht dächte, sie wären schon unterwegs; denn auch XIV, 11 steht *cras mane vadit* und XIV, 15, 4 *Piliae nostrae villam totam ... trado, in Pompeianum ipse proficiscens Kal. Maiis*. Dafs aber Sabinus nicht Miterbe, sondern irgend wie anders, vielleicht als Käufer bei der Auction interessirt gewesen ist, ist nach XIV, 18, 2 und 20, 2 nicht unwahrscheinlich.

Ich könnte dies Verzeichnifs von Interpolationen namentlich aus R und I sehr erweitern und würde es auch thun, wenn nicht schon das Angeführte mehr als genügend wäre, zu zeigen, dafs im Conjecturiren die Italiener des 15. Jahrhunderts weder Mafs noch Ziel kannten und dafs ihre Geschicklichkeit hierin weit übertroffen wurde von ihrer Aenderungslust und Verwegenheit. Es ist aber von Wichtigkeit für uns, dafs wir dies wissen, für die Beurtheilung anderer Abweichungen von M, die an sich unverfänglich oder wohl gar ansprechend sind; denn offenbar werden sie nach einem andern Mafsstabe zu beurtheilen sein, wenn sie aus einem interpolationsfreien, als wenn sie aus einem überaus stark interpolirten Codex kommen.

XIII, 9, 1 hat M *Εὐχαίρως ad me venit, cum haberem Dolabellam, Torquatus, humanissimeque Dolabella; diligentia grata est visa Torquato*. Hier ist nach Dolabella eingeschoben *quibus verbis secum egissem exposuit; commodum enim egeram diligentissime; quae*. Rührte dies Supplement von M m. 2 oder z her, so würde man sagen können: der Sinn der Stelle ist gut getroffen und die Worte sind ciceronianisch, also ist kein Grund vorhanden, das Supplement als Interpolation zu verwerfen. Nun findet sich aber die Ergänzung nur in I; sofort ändert sich unser Urtheil. Allerdings, sagen wir, ist gegen den Sinn und die Worte des Supplements nichts einzuwenden; aber die Stelle ist auch ohne dasselbe zu verstehen und ähnliche Ellipsen finden sich in Ciceros Briefen nicht selten; ferner ist der Herausgeber von I oder der Schreiber des von ihm benutzten Codex sehr geneigt zu interpoliren und hier mehr als sonst durch die starke Ellipse verlockt seiner Neigung nachzugeben; also mufs das Supplement, weil es schlecht beglaubigt und nicht durchaus unentbehrlich ist, als Interpolation aus dem Texte entfernt werden.

Ist dies richtig argumentirt, und ich zweifle nicht daran, so glaube ich behaupten zu können, dafs weder in den beiden Editiones principes noch in den Codices, die ich am Anfang dieses Abschnitts angeführt habe, irgend eine Lesart sich findet, die uns nöthigen könnte, eine vom Mediceus unabhängige Tradition in ihr anzuerkennen, dafs also diese Ausgaben und Handschriften aufser in den beiden grofsen Lücken des Mediceus für die Kritik gar keinen Werth haben. Ich will jedoch nicht verhehlen, dafs mir selbst meine Behauptung etwas gewagt zu sein scheint; denn einmal kann ich bei der wahrhaft erdrückenden Menge der zu prüfenden Lesarten leicht manches Wichtige übersehen haben, und dann ist es auch gar nicht unmöglich, dafs aus einer genauen Vergleichung des Poggianus, aus dem ich nur wenige Lesarten kenne, ein anderes Resultat sich ergiebt.

Verlag der Weidmannschen Buchhandlung (Karl Reimer) in Berlin.

Druck von Carl Schultze in Berlin, Kommandanten-Straße 72.

Im Verlage der **Weidmannschen Buchhandlung** in Berlin
erschienen:

Ausgewählte Briefe
von
M. Tullius Cicero.
Herausgegeben
von
Friedrich Hofmann.

Erstes Bändchen.
8. geh. 1860. 18 Sgr.

(Zur Sammlung griechischer und lateinischer Schriftsteller mit deutschen Anmerkungen herausg. von M. Haupt und H. Sauppe gehörig.)

Aristotelis de anima libri III. Recensuit **Ad. Torstrik**. gr. 8. geh. 1862. 1 Thlr. 24 Sgr.

Callimachi Cyrenensis hymni et epigrammata edidit **A. Meineke**. 8. geh. 1861. 2 Thlr.

Goethii Iphigenia graece. 8. geh. 1861. 20 Sgr. gebunden 1 Thlr.

Kock, Th., Alkäos und Sappho. 8. geh. 1862. 16 Sgr.

Luciani codicum Marcianorum lectiones edidit **J. Sommerbrodt**. 8. geh. 1861. 20 Sgr.

Meyer, Leo, vergleichende Grammatik der griechischen und lateinischen Sprache. Erster Band. 8. geh. 1861. 1 Thlr. 10 Sgr.

—— do. ——, gedrängte Vergleichung der griechischen und lateinischen Declination. 8. geh. 1862. 15 Sgr.

—— do. ——, über die Flexion der Adjectiva im Deutschen. Eine sprachwissenschaftliche Abhandlung. 8. geh. 1863. 12 Sgr.

Petronii Arbitri Satirarum reliquiae ex recensione **Fr. Buecheler**. gr. 8. geh. 1862. 1 Thlr. 24 Sgr.

—— do. ——. Textausgabe. Adjectus est liber Priapeorum. 8. geh. 1862. 12 Sgr.